跆拳道

——脚上的艺术

盛文林/著

台海出版社

图书在版编目（CIP）数据

跆拳道：脚上的艺术 / 盛文林著. — — 北京：
台海出版社，2014.7

（全民阅读体育知识读本）

ISBN 978 – 7 – 5168 – 0424 – 7

Ⅰ.①跆… Ⅱ.①盛… Ⅲ.①跆拳道 – 基本知识
Ⅳ.①G886.9

中国版本图书馆 CIP 数据核字（2014）第 175056 号

跆拳道：脚上的艺术

著　　者：盛文林

责任编辑：俞滟荣　　　　　　　　装帧设计：视界创意

版式设计：林　兰　　　　　　　　责任印制：蔡　旭

出版发行：台海出版社

地　　址：北京市朝阳区劲松南路1号　邮政编码：100021

电　　话：010 – 64041652（发行，邮购）

传　　真：010 – 84045799（总编室）

网　　址：www. taimeng. org. cn/thcbs/default. htm

E – mail：thcbs@ 126. com

经　　销：全国各地新华书店

印　　刷：北京一鑫印务有限公司

本书如有破损、缺页、装订错误，请与本社联系调换

开　　本：655×960　　　1/16

字　　数：130 千字　　　　　　　印　　张：12

版　　次：2014 年 10 月第 1 版　　印　　次：2021 年 6 月第 3 次印刷

书　　号：ISBN 978 – 7 – 5168 – 0424 – 7

定　　价：29. 60 元

前　言

　　跆拳道是在吸收中国的传统武术及日本空手道的基础上，创新与发展起来的一门独特武术，跆拳道以竞技格斗为核心，修身养性为基础，磨练人的意志，振奋人的精神为目的，将人类的生存意识通过躯体表现出来，并将人的精神具体化的一项传统体育运动。

　　由于跆拳道较好地解决了传统技击转变为现代竞技体育的难题，重技术、轻力量，充分体现了腿技的精美艺术，观赏性强，同时，减少了伤害，合乎体育运动的宗旨，从而使得各年龄段的人参与学习和锻炼的可行性大大提高。

　　1980 年，国际奥委会正式承认世界跆拳道联盟。2000 年，跆拳道成为悉尼奥运会正式比赛项目。有关资料显示，目前世界上已有 180 多个国家和地区开展跆拳道运动，直接或间接参与这项运动的人数已达8000 多万人。近年来，跆拳道在中国发展迅速，全国各地的道馆、会所总计超过 10 万家，有约 6500 万练习者。中国跆拳道运动的推广走过了一条从院校到大众，从运动队到道馆，竞技体育与大众健身相互促进的发展道路。如今，跆拳道已成为深受大众特别是青少年喜爱的运动项目，从中心都市到边远小镇，到处可见跆拳道馆，可闻习练者洪亮的喊声。

　　本书从古代跆拳道的起源到现代跆拳道的发展，从基础的步法到攻防的对练，从品势练习到技术要领，从身体素质训练到战术训练，从跆拳道竞赛规则到明星花絮等内容在书中都逐一进行了介绍。

　　本书内容丰富，语言通俗易懂，在编排上力求做到图文并茂，作为一套课外体育竞技指南读物，可以满足广大青少年读者学习跆拳道运动项目，提高其运动能力，做到身心协调发展。本书也可以作为中、小学体育的参考书，配合学校，提高青少年的身体素质与思想文化素质，培养复合型人才。

编　者

目　录

PART 1 项目起源

　　跆拳道就是赤手空拳，利用手和足的打击、飞踢、蹬踢、招架、截击和躲闪等技巧性动作攻击对方的搏击功夫。"跆"字放在首位，充分表现出这种功夫着重跳起、踏下和踢出的特点，是一种以腿法为主的搏击术。"跆拳"后加一个"道"字，表明它不是一项简单的尚武运动，而是一种外练技击格斗与内练精神气质相结合的武道。"跆拳道"的名称很恰当地体现了这种功夫的技巧和形式，深受世界各国技击爱好者的青睐，被称为"东方崇高坚韧的强身武术"，并已发展成为"世界第一搏击运动"。

跆拳道雏形

　　为了便于读者了解跆拳道的起源，我们先简要地将古代朝鲜史作一介绍。

　　据《东国舆地胜览》中记载：朝鲜"国在东方，先受朝日之光鲜，故名朝鲜"。又称朝鲜"居东方日出之地，故名朝鲜"。这就是朝鲜名称的由来，早在古代的箕氏朝鲜（相当于我国商朝末）和卫氏朝鲜（于公元前194年推翻箕氏朝鲜，自立为王）时就用了朝鲜这一名称。后来曾经叫作"高丽"，这个名称是从第10世纪到14世纪时王建创立的高丽王朝的名字来的。高丽王朝被灭掉后，李成桂建立的王朝又用"朝鲜"这个称号。到1897年李熙在位时，又把朝鲜改称为"大韩"，但不久即被日本帝国主义吞并，又复称"朝鲜"。

大约在公元前 1 世纪左右，高句丽、新罗、百济三国先后兴起。高句丽在朝鲜半岛北部，新罗在东南，百济在西南。高句丽的开国始祖叫朱蒙，于公元前 37 年建国。新罗开国始祖姓朴，名字叫赫居世（国王之意），在公元前 57 年建国。百济的开国始祖叫温祚，建国于公元前 18 年。这三国先后兴起，各自吞并土地，互相攻伐，到了公元 4 世纪时，朝鲜半岛几乎成了三国鼎立的局势。这一时期，三国都已进入封建社会，文化和经济都有相当大的发展，也正是跆拳道于战乱中同步发展的时期。这三国鼎立数百年，远交近战，征战不断，最后新罗向我国唐朝请援，唐高宗即命苏定方率水陆兵十数万，与新罗联合，在公元 660 年攻下百济国都泗沘，灭了百济。又于公元 668 年灭掉了高句丽，朝鲜半岛从此渐为新罗所统一。

公元 918 年，一些朝鲜贵族想夺取政权，其中最有势力的是王建，他在这一年自称为高丽太祖，并于公元 936 年取代新罗而统一半岛，开始了王氏高丽时代。同三国时代一样，高丽的文化也深受我国文化的影响，有些制度则从中国原封不动地移过去，例如高丽兵制，起初就是完全仿效唐朝的府兵制度，因此不能排除当时中国武术也随各种军事文化传入朝鲜的可能。

到了公元 1392 年，高丽右军都统李成桂废国王而自立，自称为朝鲜太祖，即进入李氏（朝）朝鲜朝代，成为朝鲜封建社会的最后一个王朝。

高句丽始祖朱蒙从朝鲜北方的扶余南下，到了卒本（忽本）这个地方，便在此定都而居。高句丽的领土是以白头山为中心的漠河半岛渔江之南的全部区域，并屡次扩张其势力到我国的东北。

跆拳道在高句丽享有崇高的地位，这可从高句丽后来的国都丸都的石坟、角觗塚、舞俑塚和三室塚的玄室壁画中所发现的雏形得到证明：在那个角觗塚的墙壁上，就绘有描写两人互相抓着对方肩膀相扑的场面。在舞俑塚中画有当时高句丽人们的各种生活方式，其中也有女子婆婆起舞的画象，同时在玄室的天井中，更发现有两个强壮的男人互相用跆拳道争斗的画面。

高句丽的国都丸都是公元 3 年定都的，但又于公元 427 年迁都至平壤。高句丽人在此修建了许多坟墓，而且在这些坟墓中，到处可以见到壁上绘有跆拳道的雏形，由此可证明跆拳道在当时就已经相当盛行了。否则不会如此普遍地将跆拳道的场面绘制到坟壁上去的。由此推断，那时的跆拳道，已成为高句丽国的一种国技了。

同时，由于当时朝局不定，连年战乱，为了应付这些不可避免的战争，武士们自然就把跆拳道作为一门必修科目，并进行严格的训练，这点可从三室塚的壁画所见的武人攻城图中得到佐证。

从这些大量出现在壁画中的跆拳道雏形来看，可知早在近二千年前的高句丽人民就较广泛地开展这项运动，并可由此推测出跆拳道的思想源流，已在那时的人们心中深深扎根了。

新罗时代花郎道的跆拳道

前面说过，新罗的建国比高句丽早约 20 年（公元前 57 年），建国初期，新罗的威势远不及高句丽强大，其领土是现在的庆尚道的范围，而四面均被强国所包围。但是，新罗并没有被那些强国所屈服，一直努力保存从建国以来 725 年的悠久历史命脉，并完成了朝鲜的统一。

在新罗国里，有一个出名的地方叫作花郎道（新罗当时在全国共划分为 12 个道，相当于我国的省）。在那里，有专门供年轻人聚会的场所，并经常在那里举行大拜以祈祷祭祀神灵。因此，人们就经常利用这些集会，互相切磋、锻炼武艺和用武精神，而新罗国正是通过这种形式，从中获取了巨大的原动力，使得国家更加团结，不断繁荣昌盛。

在新罗时代，选拔人才本没有专门的制度，因此就发展形成了花郎制度，根据这一制度，要求年轻人在尽情的欢乐歌舞之中，显示并发现他们的才能，并以此作为选拔标准。在许多的辨别方法中，有一种叫做手博的游戏，就相当于现今的跆拳道。同时，年轻的武士们还举行射箭、蹴鞠（踢球）、角觚（摔跤）、骑射、独猎、秋千、竹马等种种游戏竞争，而这所有项目又都正是当时军人所必需修炼的项目。因此开展这些选拔活动，实际上就是把军事训练项目通过歌舞及游戏的形式逐渐演变为体育运动项目，当时把这些活动统称为嘉俳。而开展这种活动的时间是从旧历的 7 月 16 日开始，一直持续到 8 月 15 日中秋才结束，这可算是一种民族的祭典仪式了。

新罗的国教是佛教，而许多的僧侣又是出身于花郎道，因此，表现跆拳道的各种姿态，也可从石窟庵的守门佛像，金刚力士的姿势中窥见一斑。并由此证明，跆拳道在新罗早已盛行的事实。另外，在朝鲜的《帝王韵记》书中曾记载有一种新罗的习惯，即两人互相站立，去踢倒对方，并介绍有三种方法：第一种是踢对方的脚。第二种是技术稍微熟练的人，可用脚去踢对方的肩膀。第三种是技术更加高超者，则可用脚踢至对方的头发部分。这些描述正好和《辞海》中关于"跆"字的解释相吻合：跆即踩踏之意，或曰"跆籍"，意同践踏，在《汉书·天文志》中有"兵相跆籍"之说。

此外，跆拳道还有手擗打，拳法的击打等技术，这些技术不仅流传于新罗，而且也被高句丽、百济等画家所采用，关于这些，可由朝鲜的《史记》、《古事》等书内得到证明。

百济王朝的武艺

如前所叙，当新罗、高句丽、百济三国互相对抗时，唐高宗曾遣兵入朝干预，帮助新罗先灭了百济，又除了高句丽。百济虽然被灭掉了，但是它的统治阶级仍得到日本的援助，其残存的许多有关武艺的书籍也被保存下来，《三国史记》即是其中之一例。根据此书记载，可知百济王朝的阿莘王以及其他的王爷一直都很崇尚武艺。

在当年的百济，因为在三国中其兵力最弱，因此采取远交近攻的政策，遥与日本相结托，常把吸取的中国文化传到日本去，我国古代著名的《论语》就是在3世纪末叶由百济国派王子阿直岐和博士王仁将其带到日本去的。而佛教亦是由百济传入日本的。正因为国家较弱，所以在百济全国上下的人民都将马术、射箭、跆拳道作为一种游戏而盛行。这在《三国史记》的百济本纪中的第三阿莘王朝七年九月的那一项目里，有记载说："集合城市的人在西台举行射箭大会。"由此看来，不仅官吏、军人应举行这种技术的训练，就连平民百姓均有义务训练各种武艺，以期成为真正的武士。这是一个很突出的例子。

百济王朝是有从公元前18年至公元660年漫长历史的国家。但最终被新罗和唐朝联军所灭，大概出于这种原因，所以百济有关跆拳道的记录要少于高句丽和新罗。但是应该指出，在三国相争时期，跆拳道在新罗和高句丽都非常盛行，而高句丽即使到了末期还仍十分流行，所以不能简单地认为百济对跆拳道武艺的文字或其他形式记载的少，就断定百济没有盛行过跆拳道。

从现有仅存的一些资料当中，仍可发现许多关于跆拳道的记录。例如，有的记录介绍一种类似跆拳道的便战戏。这种竞技在百济时代非常流行，在历史上也有许多关于此事的记录。所谓便战戏，是指朝鲜南部的以南原为中心，在智异山周围所盛行的一种民族性的传统竞技活动。这种竞技的比赛方式，是把人员分成两组来竞赛，以决定胜负。所以可以认为这种便战戏，就类似于今天的跆拳道，或可称为是跆拳道的一种雏形。

高丽时代的手搏戏

高丽是于公元 918 年在朝鲜半岛建立的一个统一国家。但是在高丽 11 代的文宗王至 18 代毅宗王之间，朝廷轻视武官而重视文官，因此引起了一场轩然大波，武官群起叛乱，这就是出名的"郑仲夫之乱"。

当时，武官想将腐败的文官派系铲除，建立一个以正义为基础的国家，故开始叛乱。由将军郑仲夫及李义旼所率领的优秀跆拳道武士为前锋，实行兵变，而李义旼本人又精于跆拳道，所以毅宗王非常器重他，命令他负责训练士兵们的手搏技术。

而一旦由权臣武人把持朝政后，郑仲夫则虐杀文官，凡戴文官帽子的人，不问官级大小，都杀无赦，并最终逐放毅宗，立明宗。可想当时尚武之风一定很盛。

除了这些记录外，还可从《高丽史》的资料中判断，高丽武艺——手搏是很受民众喜好的。

相传有一位高丽武人杜景升和精于手搏的朋友在一起玩，被其义父看见了，就劝告他说："手搏是一种很危险的运动，凡是有品德的人都不屑于学习。"自此以后，杜景升再也没有和那位朋友一起学习手搏。从此例可知，当时手搏仍只盛行于一般平民之中而已。

李朝时代的发展

朝鲜向来被认为是跆拳道的宗主国（当今跆拳道的开展主要是在韩国），并引以为豪。事实上，跆拳道的发展史证明这一优秀的技术是在朝鲜本民族的光辉历史上所发扬光大的。

跆拳道，经过高句丽、新罗、百济至高丽一千多年流传，到了李朝时代才真正地生根成长，并且得到了科学的证实。

在李朝正祖 14 年（1790 年），李德懋奉王命编纂的《武艺图谱通志》就是跆拳道的代表作，在这部书中，不但说明了关于跆拳道的发展源流，就连各种兵器的使用方法也有详细的载录。

在当时，一个人若想以武科出身作官的话，必须用跆拳道踢倒 3 个人以上才具有资格。泰宗王也常设酒宴款待武士，并在宴席上当场举行跆拳道比赛以助酒兴。可见当时王室对跆拳道的提倡和重视。

同时，在壬辰、丁酉年间的两次倭寇入侵（文禄、长庆之役），在金山有 700 余名义兵赤手空拳地和日本兵决一死战的记录，现仍保存着，这充分说明在战争中，跆拳道也是一种有力的搏击武器。

在朝鲜南部的全罗道和清忠道的交界外，有个叫鹊旨村的小村落，两道的人都认为该村应属自己，相持不下，最后就是用跆拳道的比赛，从两道各自的高手决一胜负来决定其归属，由此看来，在当时人们心中跆拳道的地位是很高的。

但是到了李朝朝代末期，由于文弱政治和多党纷争，以致对跆拳道武艺的轻视有了越来越强烈的倾向。而在国家颓危之际，当时的跆拳道好手们，只好以自虐或酗酒打架来消耗自己的精力。同时，为了党派之间相互的竞争，文官派竭力压制主张提倡跆拳道的武官，因此，导致了跆拳道的技艺渐渐地脱离了王室和贵族，却被更广泛的民间所收藏习练。

直至李朝灭亡，日本侵略朝鲜之后，跆拳道的武士为了抵抗侵略者，都是在没有武器供应的恶劣条件下，用空手跆拳道与武装了的日兵对抗，用生命和鲜血谱写了许多可歌可泣的壮丽的爱国诗篇。

PART 2 历史发展

近代的 "跆拳"

1909 年，日本侵占朝鲜，李朝灭亡。1910 年，日本人建立殖民政府，下令禁止所有的朝鲜文化活动，跆拳道也在禁律之列。从此，跆拳道进一步流落民间，成了僧侣和游民们的护身手段，在荒郊野外仍有人在秘密进行跆拳道的练习。此外，一些朝鲜人到中国、日本、东南亚等国谋生，这些国家并没有禁止练武，他们便在空余时间聚集练习切磋花郎道，并融入了各国优秀的技击术。

中日甲午战争后，整个朝鲜半岛沦为日本的殖民地，这时日本的"空手道"随之流入朝鲜，"花郎道"与"空手道"融合，产生了"韩式空手道"，以后，朝鲜人称这种武术为"跆拳"。

现代跆拳道的发展

1945 年，第二次世界大战结束，朝鲜独立后，国家的政治、经济、文化及社会面貌发生了新的变化，自卫术再次兴起，许多武艺院校应运而生。流落海外的朝鲜人将各地的武技带回本国，但当时自卫术的流派较多，名称很乱，有跆跟、手搏道、唐手道、韩式空手道、托肩、花郎道和跆拳等众多的称谓。

创立跆拳道的主要代表人物是崔泓熙、李仲佑、蔡天命。三人曾在朝鲜著名的研武馆教授空手道、跆拳道和朝鲜民族武术。在执教过程中，三人产生了统一自卫术流派、创造一种新型武艺的想法，经过十余年不断的研究、练习、推敲、创新，将朝鲜古代的各流派自卫术与日本空手道、中华武术相结合，严生了一种新的武艺形式——"托肩"（译音），后改称跆拳。

1955 年，为了更好地推广这种新型的朝鲜民族武术，韩国的武术家、体育学家、社会学家、历史学家、高级军官和许多社会知名人士，经过相互协商，统一了认识。他们一致认为，冷兵器时代已经过去，练习跆拳，不仅仅是修炼手和脚的功夫，更主要的应是修炼一种"顽强勇敢、进取拼搏"的精神，磨砺一种"坚忍不拔、百折不挠"的意志，培养一种"礼义廉耻、谦逊宽容"的品质，修炼一种大无畏神圣不可侵犯的武士道气质。教授跆拳，不应只教学员强身健体、防身自卫、实战搏击、竞技比赛的技巧，更应教导学员做人的道理，培养练习者良好的礼仪精神和道德品质。于是将跆拳融入东方武道文化和哲学思想，在"跆拳"后面加上一个"道"字，"跆拳道"的名称由此产生。当时的跆拳道领导人崔汉熙将军解释为："跆拳道集东方意识和科学技术为一体，使人的能力尽可能得到发挥，是一种既能强壮身体，又能防护自身的体育运动。"

1959 年，韩国成立了"大韩跆手道协会"，隶属教育部，1962 年作为竞技团体加入了大韩体育会。1965 年改为大韩跆拳道协会，开始把跆拳道作为全国体育大会正式竞赛项目。

1961 年 9 月，朝鲜成立了唐手道协会（后也更名为跆拳道协会），1962 年成为朝鲜业余体育协会的会员，列为全国运动会的正式比赛项目。

1966 年，韩国成立了第一个国际性跆拳道组织——国际跆拳道联合会（ITF），崔泓熙将军（朝鲜籍奥地利人，曾任驻马来西亚大使）任主席。20 世纪 60 年代末，国际跆联与大韩跆拳道协会之间，由于对海外学员资格审查、段位授予权限和竞赛规则等问题产生意见分歧，后来崔泓熙做了一次非官方的访问，去拜会朝鲜的武术界领袖，国际跆拳道联合会因而受到韩国政府的阻挠，于 1972 年迁到加拿大的多伦多。

1972 年，大韩跆拳道协会中央道场——韩国国技院竣工。1973 年 5 月，世界跆拳道联盟（WTF）在韩国汉城成立，金云龙当选为主席。1975 年，世界跆联被接纳为国际体育联合会的会员。1980 年，国际奥委会（TOC）正式承认了世界跆拳道联盟。

PART 3 目前状况

跆拳道运动在国际上的发展

　　跆拳道最早是由韩国人推向世界的一项体育运动，经过 40 多年的发展，现在已形成完全独立的国际体育组织和正规的国际比赛。世界锦标赛、世界杯、亚运会和亚洲锦标赛男女共设 16 个级别。由于这项运动具有搏击、规范和教育作用三大特点，以及易于开展和学习，深受世界各国的重视和喜爱。

　　1973 年世界跆拳道联盟（WORLD TAEKWONDO FEDERATION）简写（WTF）成立至今的 40 年中，国际跆拳道运动以十分惊人的速度向前发展，目前 WTF 已拥有 183 个会员国，每一次跆拳道世界锦标赛的参赛国和地区均在 100 个以上，1997 年 11 月在中国香港举行的男子第 13 届、女子第 5 届世界跆拳道锦标赛上，共有 103 个国家和地区的 1200 多名运动员参加比赛。跆拳道已相继进入包括奥运会在内的几乎所有重大国际体育比赛和体育组织：1975 年世界跆联加入国际体育单项联合会，1980 年世界跆联获得国际奥委会的承认，跆拳道运动进入国际奥委会大家庭，开始向成为正式奥运会比赛项目努力。1986 年起列入亚运会正式比赛项目，1987 年列入泛美运动会、全非洲运动会以及东亚运动会的正式比赛项目，1988 年、1992 年、1996 年 3 次列入奥运会表演项目。1994 年在法国巴黎召开的国际奥委会第 103 届会议决议，跆拳道项目列入 2000 年奥运会正式比赛项目。同样，跆拳道也是世界大学生运动会、友好运动会、东南亚运动会、南美运动会、南太平洋运动会、世界军人运动会等一系列国际体育赛会的正式比赛项目。

跆拳道每两年举办一次世界锦标赛和世界杯比赛。跆拳道的第一届世界锦标赛和第一届亚洲锦标赛分别于 1973 年和 1972 年在韩国汉城举办。由此可见，跆拳道运动项目在国际体坛相当活跃，占有相当重要的地位。

跆拳道的国际组织目前有两个，除了前面提到的由韩国人、国际奥委会第一副主席金云龙为首的世界跆拳道联盟（WTF）以外，还有一个是朝鲜籍奥地利人崔泓熙为首的国际跆拳道联盟（ITF）。这两个国际体育组织是目前世界上为数不多的拥有众多会员国的体育组织。WTF目前有会员国 183 个，是国际奥委会和国际体育联合会成员之一。ITF也有 130 多个会员国家。两个国际组织的最大不同在对跆拳道技术风格的界定，ITF 主张跆拳道的表演和技巧性，动作比较单一和程式化，即提倡跆拳道的品势修炼；而 WTF 则倡导跆拳道的实战和搏击，动作灵活，变化多样，即目前的竞技跆拳道。

跆拳道运动在中国的传播与发展

随着跆拳道运动在国际体育界的蓬勃开展和奥运会正式项目的确立，我国体育界意识到开展跆拳道运动的重要性和必要性。1992 年 10月 7 日，经原国家体委综合司、国际司合签及袁伟民副主任的批准，中国跆拳道协会筹备小组正式成立，我国正式开展跆拳道运动。随即，前国家体委几次专门派人去日本、朝鲜和韩国考察了跆拳道运动的开展和竞赛情况，并在国内组织全国范围的专门座谈会。1994 年 5 月，在河北正定举行了首届全国跆拳道教练员裁判员学习班；同年 9 月，首届全国跆拳道比赛在昆明举行，15 个单位约 150 余名运动员参加了比赛。这次比赛标志着跆拳道比赛在我国正式开始。1995 年 5 月，首届全国跆拳道锦标赛在北京体育大学举行，22 个单位约 250 名运动员参加了比赛，从此开始了两年一届的全国跆拳道锦标赛。1995 年 7 月，中国跆拳道协会成立。中国跆拳道运动从此有了自己的专门组织。同年 11 月，在菲律宾举行的第 12 届男子、第 5 届女子世界跆拳道锦标赛上，中国派出 16 人参加了比赛，获参与奖。赛前，中国跆拳道协会被世界跆拳道联盟接纳为正式会员。1996 年 3 月中国跆拳道队一行 12 人参加了香港第 2 届亚洲城市金杯国际跆拳道邀请赛，中国队获 6 金、2 银、3 铜，女队获团体总分第一。1996 年 5 月在浙江金华举行了中国万基杯全国跆拳道锦标赛，来自全国的 33 个单位的 308 名运动员参加了比赛。1996 年 6 月，经原国家体委批准，中国派出赵磊、陈立人、林志文、郑国威等 14 人去澳大利亚墨尔本参加了由世界跆联主办的第 31 届国际跆拳道裁判员学习班，获得国际级裁判员资格。与此同时，中国跆拳道队参加了在同一地方举行的第 12 届亚洲跆拳道锦标赛，获铜牌 1 枚。同时，中国跆拳道协会被亚跆联接纳为正式会员。1997 年 5 月，中国跆拳道队参加了在韩国金山举行的东亚运动会，有 8 个国家的 50 多名运动员参加了比赛，中国队获 2 银、3 铜。1997 年 8 月，中国跆拳道队参加了在英国举行的国际 A 级跆拳道比赛，有 35 个国家的 600 多名运动员参加了比赛，中国队获 1 银、2 铜。在 1997 年 11 月香港举行的第 13 届男子、第 6 届女子锦标赛上，中国跆拳道经过顽强拼搏，获得 1 银、1 铜、3 个第 5 名的战绩，在有 103 个国家 1200 多名运动员参加的国际大赛上取得较好的成绩。在 2000 年悉尼奥运会上，中国女子跆拳道选手、来自北京体育大学的陈中在女子 67 公斤以上级比赛中敢打敢拼、顽强拼搏，为祖国首次夺得奥运会跆拳道比赛的金牌。2004 年雅典奥运会，来自中国北京体育大学的陈中和罗薇参加跆拳道比赛，她们奋力拼得两枚金牌。其中罗薇获得女子 67 公斤级金牌；陈中则获得女子 67 公斤以上级金牌。中国台北奥运会代表团也在跆拳道项目上一举取得了金牌零的突破，陈诗欣和朱木炎各夺得 1 枚金牌，2006 年吴静钰夺得了中国亚运会历史上第一块跆拳道金牌，2007 年又成为世锦赛冠军，吴静钰顶了亚洲冠军和世界冠军两顶帽子，作为跆拳道界家喻户晓的人物，她成为了对手竞相研究的对象。2008 年 8 月 20 日，一天的激烈鏖战成就了吴静钰的奥运会冠军梦想。她依次击败了非洲冠军、欧洲对手、在决赛中凭借沉着冷静的心态和足智多谋的战术，吴静钰以 1：（-1）击败了泰国小黑马布特蕾·贝德蓬，登上了奥运最高领奖台，也早早站到了职业生涯的巅峰！这也是中国跆拳道队第一个小级别奥运冠军。2011 年 5 月 2 日，吴静钰在世锦赛 49 公斤级争夺中，以两次关键的"踢头"攻势连克两位劲敌，个人第二次夺得世锦赛冠军，也帮助中国队在此次韩国庆州世锦赛上摘得首金。2012 年 8 月 9 日，在伦敦奥运会跆拳道女子 49 公斤决赛中，吴静钰夺得金牌，显示出了中国跆拳道运动后来居上的气势。

2013 年 7 月，中国队在墨西哥举办的世界跆拳道锦标赛上获得一银一铜，是参加世锦赛 16 年以来的最差战绩。

PART 4　竞赛规则

跆拳道竞赛规则

第一条　目的

本规则为中国跆拳道协会（以下简称中国跆协）及其所属团体会员主办或组织跆拳道竞赛使用的统一规则，目的是保证竞赛公平顺利地进行。

第二条　适用范围

本规则适用于中国跆协及其所属团体会员举办的各类跆拳道竞赛，如需改动有关条款，须经中国跆协认可。

第三条　比赛场地

比赛场地为 10 米 × 10 米水平、无障碍物、正方形的场地（原场地为 12 米 × 12 米）。

比赛场地应铺设有弹性的、平整的经中国跆协监制或指定的专用软垫。有必要时，比赛场地可根据实际需要置于高出地面 1 米左右的平台上，为保证运动员的安全，边界线外应有与地面夹角小于 30 度角的斜坡。

一、比赛场地的划分

（一） 10 米 × 10 米见方的区域称为比赛场地；

（二）比赛场地最外边的线称为边界线；

（三）比赛场地边界线以外要铺设软垫，保护运动员的安全；尺寸大小可根据比赛地点的实际情况确定。

二、位置

（一）主裁判员位置：距离比赛区中心点向第三边界线方向 1.5 米处；

（二）边裁判员位置：第一边裁判员在第一边界线中心点，面向比赛区中心点向后 0.5 米处；第二边裁判员在第二边界线底端角，面向比赛场地中心点向外 0.5 米处；第三边裁判员在第四边界线顶端角与第二边裁判员对称处；

（三）记录员位置：在第一边裁判员位置向后至少 2 米处；

（四）临场医生位置：在第一边界线右侧向外至少 3 米处（记录员位置水平向右 6 米处）；

（五）运动员位置：由比赛区中心点面向第一边裁判员左、右各 1 米处，右侧为青方位置，左侧为红方位置；

（六）教练员位置：位于本方运动员一侧的边界线中心点向后 1 米处；

（七）检查（检录）台位置：检查（检录）台应位于比赛场地入口附近处，检查运动员的比赛护具。

第四条　运动员

一、运动员的资格

（一）属于某个在中国跆协注册的团体会员；

（二）当年度登记注册的运动员；

（三）必须持有中国跆协颁发的段位证书，或根据比赛要求持有相应的段位证书；参加全国青年锦标赛，比赛当年的年龄为 14～17 岁。

二、比赛服装

（一）参赛运动员须穿中国跆协认可的道服和护具；

（二）参赛运动员应戴好护身、头盔、护裆、护臂、护腿、护齿后进入比赛区，其中护裆、护臂、护腿应戴在道服里面。运动员可携带经中国跆协认可的护具以备自用。除了头盔，运动员头上不许佩戴其他物品。

三、药物控制

（一）禁止使用被国际奥委会禁用的药品；

（二）中国跆协在认为需要时可进行药检，以确认运动员是否违反规定，如任何胜方拒绝药检或药检证明触犯有关规定者，将取消其比赛成绩，并将比赛成绩顺序补给其后的运动员；

（三）组委会有义务保障药检工作。

第五条　体重级别

一、体重分为男、女级别。

二、体重分级如下：

级别（国际标准名称）	男子	女子
Fin （鳍量级）	54 公斤以下	47 公斤以下
Fly （蝇量级）	54~58 公斤	47~51 公斤
Bantam （雏量级）	58~62 公斤	51~55 公斤
Feather （羽量级）	62~67 公斤	55~59 公斤
Light （轻量级）	67~72 公斤	59~63 公斤
Welter （次中量级）	72~78 公斤	63~67 公斤
Middle （中量级）	78~84 公斤	67~72 公斤
Heavy （重量级）	84 公斤以上	72 公斤以上

三、全运会体重级别如下：

男 子	女 子
58 公斤以下	49 公斤以下
58~68 公斤	49~57 公斤
68~80 公斤	57~67 公斤
80 公斤以上	67 公斤以上

四、全国青年锦标赛体重级别如下：

级别（国际标准名称）	男子	女子
Fin（鳍量级）	45 公斤以下	42 公斤以下
Fly（蝇量级）	45～48 公斤	42～44 公斤
Bantam（雏量级）	48～51 公斤	44～46 公斤
Feather（羽量级）	51～55 公斤	46～49 公斤
Light（轻量级）	55～59 公斤	49～52 公斤
Welter（次中量级）	59～63 公斤	52～55 公斤
Light Middle（轻中量级）	63～68 公斤	55～59 公斤
Middle（中量级）	68～73 公斤	59～63 公斤
Light Heavy（轻重量级）	73～78 公斤	63～68 公斤
Heavy（重量级）	78 公斤以上	68 公斤以上

五、少年儿童比赛的级别设置，在保证安全的基础上，由组委会根据实际情况确定。

第六条 比赛的种类和方法

一、比赛种类

（一）个人赛：个人赛一般在同级别体重的运动员之间进行。有必要时，可把相邻两个级别合并产生一个新的级别。任何运动员都不允许在一次赛事中参加超过 1 个级别以上的比赛；

（二）团体赛：

1. 按体重级别进行 5 人制团体赛，级别如下：

男　子	女　子
54 公斤以下	47 公斤以下
54～63 公斤	47～54 公斤
63～72 公斤	54～61 公斤
72～82 公斤	61～68 公斤
82 公斤以上	68 公斤以上

2. 按体重级别进行 8 人制团体赛。

3. 按体重级别进行 4 人制团体赛（将 8 个体重级别中相邻两个级别合并成为 4 个级别）。

二、比赛方式

（一）单败淘汰赛；

（二）循环赛。

三、全运会跆拳道比赛采用个人赛制。

四、中国跆协主办的全国性竞赛至少有 4 个队参加，每个级别至少有 4 名运动员参赛，不足 4 名的比赛不计正式比赛成绩。

第七条　比赛时间

每场比赛为 3 局，每局比赛 2 分钟，局间休息 1 分钟；青少年比赛时间可根据情况适当调整。

第八条　抽签

一、抽签在中国跆协官员及有关人员组织下，在比赛开始的前一天按体重级别由小到大的顺序进行，各参赛队可派代表参加。

二、未出席抽签的队由组委会指定人员代抽。

三、通过召开参赛队联席会可变更抽签顺序。

第九条　称量体重

一、称重时间由比赛组委会决定，包括比赛前一天全部级别一次性称重完毕和各级别在比赛当日的前一天称重两种方式。

二、称重时，男运动员着内裤，女运动员着内裤、胸罩，如运动员要求，也允许裸称体重。

三、称重一次完成，但第一次称重不合格时，在规定时间内可有一次补称机会。

四、为了避免称重不合格，组委会应提供一个与正式体重秤相同的体重秤，放在运动员驻地或比赛馆供试称。

第十条　比赛程序

一、点名

该场比赛开始前三分钟点名三次，比赛开始后一分钟仍未到场者，按自动弃权论。

二、身体与服装检查

点名后，运动员必须接受身体、服装和护具检查，不得携带任何可能给对方运动员造成伤害的物品，检查员由中国跆协组委会指定专人担任，运动员不得有任何不服从的表示。

三、入场

检查合格后，运动员和一名教练员进入比赛场地指定位置。

四、开始和结束

每局比赛由主裁判员发出"开始"（Shi－jak）口令即开始，主裁判员发出"停"（Keu－man）口令结束。即使主裁判员没有发出"停"（Keu－man）口令，比赛仍将按照比赛规定结束的时间结束。

五、比赛开始前及结束后的程序

（一）双方相向站立，听到主裁判员发出"立正"（Cha－ryeot）和"敬礼"（Kyeong－rye）的口令时互相敬礼。要求自然立正，双手握拳置于身体两侧，腰部前屈不小于30度，头部前屈不少于45度；

（二）主裁判员发出"准备"（Joon－Bi）、"开始"（Shi－jak）口令开始比赛；

（三）最后一局结束后，运动员想向站在各自指定位置，主裁判员发出"立正"（Cha－ryeot）和"敬礼"（Kyeong－rye）的口令时互相敬礼，之后等待主裁判员宣布判定；

（四）主裁判员举起自己的一侧手臂，宣布同侧方运动员获胜；

（五）运动员退场。

六、团体赛程序

（一）两个参赛队的所有运动员在运动员位置相向站立，按界线方向顺序排列；

（二）比赛开始前和结束后的程序按第五条规定进行；

（三）双方运动员需到比赛场外指定位置等待每场比赛；

（四） 比赛全部结束后，双方队员进场相向列队站立；

（五） 主裁判员举起自己的一侧手臂，宣布同侧方参赛队获胜。

第十一条　允许的技术和攻击的部位

一、允许的技术

（一） 拳的技术：使用直拳技术攻击；

（二） 脚的技术：使用踝骨以下脚的部位攻击。

二、允许被攻击的部位

（一） 躯干：允许使用拳和脚的技术攻击躯干被护具包裹的部分，但禁止攻击后背脊柱；

（二） 头部：从两耳向前的头颈的前部，只允许使用脚的技术攻击。

第十二条　有效得分

一、有效得分部位

（一） 躯干中部：被护具包裹的躯干部位；

（二） 头部：头部允许被攻击的部位。

二、得分是指使用允许的技术，准确、有力地击中有效得分部位。

三、有效得分分值：

（一） 击中躯干中部得 1 分；

（二） 击中头部得 2 分；

（三） 运动员被击倒（主裁判员读秒的情况下），再加 1 分。

四、比分为三局比赛得分总和。

五、得分无效：使用禁止的动作攻击，得分无效。

第十三条　计分和公布

一、有效得分应立即计分并显示。

二、未使用电子感应护具时，由边裁判员用电子记分器或计分表记录得分。

三、使用电子感应护具时：

（一） 躯干部位的有效得分，由电子护具中的感应器自动计分；

（二）头部有效得分，由边裁判员用电子记分器或计分表记录得分。

四、用电子记分器或计分表记分时，必须有两名或两名以上的边裁判员记分方为有效。

第十四条　犯规行为

一、任何犯规行为将由主裁判员判罚。

二、处罚分为"警告"（Lyong－go）和"扣分"（Gam－jeom）。

三、两次警告扣1分（－1），警告次数为奇数时，最后一次不计。

四、一次"扣分"扣1分（－1）。

五、犯规行为：

（一）判罚警告的犯规行为：

1. 越出边界线；

2. 倒地、伪装受伤、转身背向对手逃避进攻等回避比赛的行为；

3. 抓、搂抱或推对手、用膝部顶撞对手、用拳攻击对手头部或用脚攻击腰以下部位；

4. 教练员或运动员使用不合理言语或做出任何不良行为。

（二）判罚扣分的犯规行为

1. 发出"暂停"（Kal－yeo）口令后攻击对手或攻击已倒地的对手；

2. 抓住对手进攻的脚将其摔倒，或用手推倒对手；

3. 故意用拳攻击对手面部；

4. 教练员或运动员打断比赛进程或使用过激言语、行为严重违反体育道德。

六、运动员违背竞赛规则和故意不服从主裁判员时，主裁判员可直接判其"犯规败"。

七、犯规累计扣四分（－4）者，判其"犯规败"。

八、警告和扣分按三局累计。

九、主裁判员为下达"警告"（Lyong－go）或"扣分"（Gam－

jeom）而暂停比赛时，比赛时间根据主裁判员发出"暂停"（Kal - yeo）口令的同时而暂停，直到主裁判员发出"继续"（Kye - sok），比赛继续进行。

第十五条　优势判定

一、因扣分出现平分时，三局比赛中得分者或得分多者获胜。

二、三局比赛结束，双方出现绝对平分时，加赛一局，采取"突然死亡法"（先得分的一方获胜），如果加赛局仍然打平，则进行优势判定。

三、优势判定时，当场比赛所有裁判员根据比赛情况判定优胜者获胜。如果三名边裁判员的决定是 2：1，主裁判员将自行决定获胜方。

四、优势的判定是依据比赛中表现出的主动性。

第十六条　获胜方式

一、击倒用（K. O 胜）。

二、主裁判员终止比赛胜（RSC 胜）：

三、比分或优势胜。

四、弃权胜。

五、失去资格胜。

六、主裁判员判罚犯规胜。

第十七条　击倒

运动员在比赛中受到合法攻击后，出现以下三种情况之一，将被判"击倒"：

一、除双脚以外的身体任何部位着地；

二、身体摇晃，丧失继续比赛的意识和能力；

三、主裁判员判定运动员受到强烈击打而不能继续比赛。

第十八条　击倒后的处理程序

一、运动员受到合法攻击被击倒时，主裁判员将采取以下处理程序：

（一）主裁判员发出"暂停"（Kal - yeo）口令暂停比赛，并将进攻者置于远处；

（二）主裁判员大声向被击倒的运动员从"一"到"十"读秒，每间隔一秒读一次，并用手势表示时间；

（三）即使运动员在读秒过程中表示再战，主裁判员也必须读到"八"，使运动员获得休息，并确认运动员是否恢复，如已恢复就发出"继续"（Kye－sok）口令继续比赛；

（四）主裁判员读到"八"时，被击倒的运动员仍无法表示继续比赛，则读秒至"十"后宣布另一方"击倒胜"；

（五）即使一局或整场比赛时间结束，主裁判员也要继续读秒；

（六）如果双方运动员同时被击倒，如有任何一方尚未恢复，主裁判员将继续读秒；

（七）读秒到"十"后双方都不能恢复，因按击倒前的比分判定胜负；

（八）主裁判员判断一方运动员不能继续比赛，可以不读秒或在读秒过程中判另一方获胜。

二、比赛结束后的处理

因头部被击倒落败的运动员在30天内不能参加比赛。30天后重新参赛，须经有资格的医生证明其已恢复，并经中国跆协批准，方可参赛。

第十九条　比赛中断的处理程序

一方或双方运动员因受伤而中断比赛，主裁判员应采取以下处理程序。如果发生除上述程序以外的、合理需要中断比赛的情形，主裁判员发出"计时"（Shi－gan）口令中断比赛，继续比赛则发出"继续"（Kye－sok）口令。

一、主裁判员发出"暂停"（Kal－yeo）口令暂停比赛并发出"计时"（Shi－gan）口令令计时员暂停比赛时间。

二、允许运动员在一分钟内进行治疗。

三、运动员即使只受轻伤，一分钟后仍不示意再战，主裁判员判其负。

四、由扣分犯规行为造成另一方受伤，一分钟后不能恢复比赛，判犯规者负。

五、双方同时被击倒，一分钟后都不能继续进行比赛时。按受伤前双方得分判定胜负。

六、主裁判员判定一方运动员生命危险，明显神志不清并处于危险状态时，应立即中断比赛，安排急救。如果伤害事故是由扣分犯规行为造成的，就判犯规者负；如果攻击动作不是扣分犯规行为，则按比赛中断之前的得分判定胜负。

第二十条　主裁判员和边裁判员

一、资格

经中国跆协登记注册，持有裁判员资格证书和中国跆协段位证书者。

二、任务

（一）主裁判员

1. 掌握和控制整场比赛；

2. 在比赛中根据场上情况即时宣布"开始"（Shi－jak）、"结束"（Ke－man）、"暂停"（Kal－yeo）、"继续"（Kye－sok）、"计时"（Shi－gan）、"扣分"（Gam－jeom）、"警告"（Lyong－go），胜负的判定和进退场等；

3. 根据竞赛规则独立行使判决权利；

4. 主裁判员不记录得分；

5. 比分相同或无分时，当场比赛所有裁判员依据第十五条第二款的方法，根据三局的优势情况判定胜负。

（二）边裁判员

1. 及时记录有效得分情况；

2. 如实回答主裁判员的问询。

三、判定的责任

裁判员的裁决不容更改并对仲裁委员会负责。

四、裁判员的服装

（一）裁判员应穿着协会规定的服装；

（二）裁判员不得携带妨碍比赛的物品。

第二十一条　记录员

记录员负责对比赛时间、休息、和暂停时间进行计时，按照主裁判员的指令加减分，记录并公布得分和扣分。

第二十二条　裁判员的组成和安排

一、裁判员的组成

（一）未使用电子护具时，设一名主裁判员和至少三名边裁判员；

（二）使用电子护具时，设一名主裁判员和两名边裁判员。

二、裁判员的安排

（一）比赛日程确定以后再行安排裁判员分工；

（二）主裁判员或边裁判员与场上运动员属同一单位时须回避，但遇裁判员人数不足时边裁判员可例外。

第二十三条　本规则未明文规定的情况

出现本规则未明文规定的情况，按以下办法解决：

一、与比赛有关的，将根据该场临场裁判员的一致意见判定。

二、与比赛无关的，由执委会或其他代表处理。

三、组委会在各场地安排录像设备，记录比赛过程备考。

第二十四条　仲裁与制裁

按照中国跆协颁布的《跆拳道竞赛仲裁条例》执行。

PART 5 项目术语

跆拳道常用术语中文、英文、韩语音对照如下：

中文意思　英文意思　读音（普通话读音）

拳：zhu mek （烛闷）

腿：da li （答礼）

脚：bar （啪而）

掌：shon ba dak （憧吧嗒）

贯手：shon get （丛咯）

肘：par gum qi （啪而箍弃）

膝：mu rep （幕录）

头：me li （墨吏）

跨：shat （霎）：急促些

腰：he li （毫厘）

背：dong （噔）

转动：dor da （多而达）

加速：ga sok （卡肃）

协调：hep zo （皓尔肇）

反应：ba ong （跋能）

力量：him （嘿闷）

快：ba rom （跋愣）

慢：ne zom （呐－之魅）

品势：pum she （彭晒）

集合：te jie 特杰

太极 1 章至太极 8 章：te gek1zhang bu te 8zhang （汰咯一章）

高丽：go re （共潦）

金刚：gem gang （耿罡）

太白：te bek （汰掰）

平原：peng wen （乒雯）

十进：sip jin （溪敬）

地跆：ji te （基跆）

天拳：chen guen （惩棍）

汉水：han shu （韩殊）

一如：yir re （毅辽）

马步：zhu chum sie （卒－憧晒）

前弓步：a gu bi （阿咕瘪）

后弓步：dv gu bi （对－咕瘪）

手刀：shon nar （耸衲而）

搁挡：mak gi （玛给）

进攻：jin gong （敬恭）

防守：bang shu （浜粟）

道服：do bok （道袍）

腰带：di （嫡）（釉涩－嫡）

黑带：ge en di （犒闷－嫡）

有色带：shek di （釉涩－嫡）

护具：ho gu （皓咕）

手部护具：par bo ho dai （帕而－堡皓歼）

脚部护具：a li bo ho dai （答理－堡皓歼）

头部护具：me li bo ho dai （磨砺－堡皓歼）

裆部护具：sat bo dai （莎－堡皓歼）

脚靶：ta get（塔钙）

跆拳道：tae guen do

谢谢：gam sha ham ni da（罡莎－哈倪搭）

你好：an neng ha xif ni ga（阿酿－哈西倪嘎）

抱歉：mi an ham ni da（弥安－韩西倪搭）

稍等：zam gan（沧柑）

立正：cha let（嚓列）

稍息：si et（销）

向左转：zua ro do a（抓露赌辣）

向右转：wu ro do a（悟露赌辣）

向后转：dv ro do a（对赌辣）

向左向右转：zua wu hang wu（抓无浩悟）

脚步动作准备：bar cha gi zhun bi（跋差给准备）

换步：bar ba gu e set（跋尔跋郭差）

滑步：ger gi9（阁尔给）

前上踢：a－p or ri gi（啊保利给）

前踢：a－p cha gi（阿部差给）

横踢：do le cha gi（赌聊差给）

侧踢：ye－p cha gi9（伢（要）部差给）

下踢：na li cha gi（纳利差给）

勾踢：nak ge cha gi（纳阁差给）

后踢：dv cha gi（对差给）

转身横踢：dor ge cha gi（对尔改差给）

腾空横踢：na le cha gi（纳猎差给）

青：Cbung（承）

红：Hong（轰）

敬礼：Kyeong rye（精列）

准备：Joon bi（准比）

开始：Shi jak （喜咋）

分开：Kal Yeo （咯儿里啊）

停止：Keu men （哥曼）

继续：Kye sok （给哨）

计时：Kye shi （给喜）

时间暂停：shi gan （喜干）

警告：Kyong go （精高）

扣分：Gma jeom （葛姆针姆）

青胜：Chung Seung （承胜）

红胜：Hong Seung （轰胜）

一：Ha – nah （汉娜）

二：Duhl （斗儿）

三：Seht （色）

四：Neht （嗯）

五：Da seot （打司）

六：Yeo seot （优司）

七：Il gop （译儿孤）

八：Yeo dul （亚都儿）

九：A hop （阿胡）

十：Yeol （油儿）

PART 6 技术战术

技术动作及使用部位

一、跆拳道的使用部位术语和动作要求

拳法

拳法在竞赛跆拳道中主要有正拳（也称平冲拳或直拳），在品势中则有正拳、勾拳、锤拳等。

正拳（也称平冲拳或直拳）：将手的四指并拢握紧，拳面要平，然后拇指压贴于食指和中指的第二节上。使用正拳时，用拳的正面的食指和中指部分击打。

勾拳：握法同正拳。使用时用食指和中指关节根部的突出部分击打。

锤拳：握法同正拳。使用时用小指和手腕间的肌肉部分击打。

平拳：向前平伸拳，然后把手指的第二节弯曲，指尖贴紧手掌，拇指弯曲紧贴食指尖，用第二指尖击打。

中突拳：中指弯曲或食指从正拳握法中突出，主要是击打太阳穴和两柱肋部。

掌法

手刀：四指伸直，拇指弯曲靠近食指，用小指侧的掌外沿攻击对

方。只局限于在品势中使用。

背刀：此掌法与手刀基本相同，用食指侧攻击对方。只限于在品势中使用。

贯手：手形与手刀基本相同，要求微屈中指，主要用四指指尖截击对方的要害部位，如攻击对方的眼睛、喉部等。只限于在品势中使用。

臂部

腕部：腕关节的四周部位。主要用于防守格挡。

肘部：用肘的鹰突关节攻击，只限于在品势中使用。

前臂和上臂：主要用外侧进行格挡防守，其中前臂的格挡在竞赛跆拳道比赛中经常被运动员所使用。

脚部和膝部

跆拳道比赛中，运动员主要以腿攻为主，采用的脚的部位是脚面、足刀、脚尖和脚跟。

脚面：用脚的正面部分攻击对方，主要用来踢击对方髋关节以上、锁骨以下被护具包围的部位和头部的侧面剖面。

足刀：用脚外沿侧蹬对方，多用于侧、推踢。

脚尖：主要用脚趾前端的部位进攻对方。

脚跟：主要用脚跟后踢和推踢对方。

前脚掌：主要用前脚掌攻击对方，多用于劈腿。

膝部：用膝盖顶击对方，只局限于在品势中使用。

二、跆拳道品势中的步型

准备势

两脚开立与肩同宽，身体自然直立，两脚尖略外展，两手握拳置于腹前。

开立步

两脚开立与肩同宽，身体自然直立，两膝微屈，两脚尖正对前方，两手握拳置于体侧。

马步

两脚开立，较肩宽，两脚尖平行或略内扣，挺胸直背，两腿屈膝半蹲，重心在两脚之间。

弓步

弓步（又称前屈立）指前后脚分立，两脚相距一步半，前腿屈膝，后腿伸直，前腿膝关节与脚尖垂直，重心大部分在前脚上，左脚在前称右弓步，右脚在前称左弓步。

后弓步（三七步）

后弓步（又称后屈立）指前后脚分立，两脚相距约一步，后脚尖外展90度，后退屈膝如同骑马状，前腿膝关节略屈，重心大部分在后脚上。左脚在前称右后弓步，右脚在前称左后弓步。

前探步（前行步）

前探步（又称高前屈立）如走路姿势。两脚之间距离小于弓步，上体略前倾，前腿膝关节略屈，重心大部分落在前脚上。左脚在前称左前探步，右脚在前称右前探步。

虚步

与后弓步相似，前脚掌点地，脚跟提起，重心落在后脚。左脚在前称右虚步，右脚在前称左虚步。

交叉步

一脚向另一脚的前侧（前交叉步）或后侧（后交叉步）落步，脚尖着地，两腿屈膝交叉。

并步

两脚直立，两脚跟并拢，脚内侧相靠，两臂握拳自然垂于体侧。

单脚立

提起一条腿将脚置于另一腿的膝关节处，只用一条腿站立。

准备姿势和步法

一、准备姿势（格斗势）

准备姿势也称实战姿势或预备姿势，是竞赛跆拳道比赛中双方开始时的基本站立姿势。准备姿势应便于进攻和防守反击以及步法的移动。

动作过程

（1）两脚开立与肩同宽，两臂垂于体侧。

（2）左脚或右脚向另一脚的前方迈出，两脚相距一步距离前后站立，使身体侧对对方，同时两手半握拳，沉肩、两臂屈肘自然垂放（左脚在后是左架准备姿势，右脚在后是右架准备姿势）。

（3）重心落在两脚之间，膝部略弯曲，眼睛平视对方面部，下颚微收。

要领

（1）两臂所放位置不是固定的，也可以一臂下垂或两臂下垂。

（2）两脚之间的距离和重心的高低可根据具体情况进行调整，原则上是在移动时能最快调整好身体重心。

（3）若重心下降，大小腿之间的夹角几乎等于 90 度时，则为低位姿势。

理论基础

在跆拳道比赛中，运动员身体侧对对手，在前面的称前脚，在后面的脚则称后脚；同样，在前面的腿称为前腿，在后面的腿则称后腿。

一般来说，运动员做出准备姿势，或是准备进攻，或是准备防守反击，此时要求运动员心理和身体都要放松，重心的高低取决于自己是否能以最快速度向各个放向移动。在比赛中，双方运动员经常有一个互不进攻的短暂时间，既双方都保持着准备姿势，原因是：

（1）等待对方进攻，自己准备反击。

（2）自己直接进攻得点的把握不大，犹豫不决。

（3）进行短暂的休息，调整体力。

（4）在比分领先的情况下拖延时间。

（5）其他战术的需要。

此时运动员不一定站在固定位置上，有经验的运动员往往会主动后撤或向一侧移动几步，使对方也不得不随自己而调整准备姿势，而此时却是对方进攻或自己的较好时机，运动员应在平时训练中进行这方面的专门练习。如果双方运动员都是左架站立或都是右架站立，则称双方站位为闭式站位；如果一方是左架，一方是右架，则称双方站位为开式站位。一般来讲，运动员都有一条腿是自己经常使用的，也就是无论在出腿速度或是力量上都觉得这条进攻得点或防守反击更有把握一些，这条腿称为优势腿或主打腿或得点腿等。由于生活中的习惯，一般运动员是将右腿作为优势腿。一般习惯使用前腿旋踢得分的运动员常将优势腿放在前面，如左腿是优势腿，则运动员常以右架准备姿势站立；而经常使用后退旋踢运动员就往往将优势腿放在后面，如右腿是优势腿，则常以右架准备姿势站立。

二、准备姿势的基本步法

准备姿势的基本步法，是指在准备姿势站立后，向不同方向移动的方法。

在跆拳道技术体系中，步法是其中重要的一环，尤其在运动员刚开始接触跆拳道这项运动时，要用较多的时间来进行专门的步法练习。由于竞赛跆拳道规则的限制，在比赛中运动员主要是用腿攻击和防守反击，因此运动员的步法是否灵活，在一定程度上决定了他的进攻和防守或反击是否能够达到目的，这也使得步法训练在跆拳道训练中占据着重要地位。

上步

动作过程：右架准备姿势（以下简称"右架"）站立，右脚向前上一步，成为左架准备姿势（以下简称"左架"）。反之左架亦然。

要领：上步时通过向左拧腰转髋完成，两臂在侧自然上下移动，重心不要上下起伏过大。

实战使用：上步时，常用于逼迫对方后撤，或引诱对方进攻，而当对手使用上步时，自己可立即使用进攻技术进攻对方。

后撤步

动作过程：右架站立，左脚向后撤一步，成为左架准备姿势，反之左架亦然。

要领：后撤步时重心保持平稳移动，通过向左拧腰转髋完成，两臂在体侧自然上下移动。

实战使用：后撤步时，常用在对方使用前旋踢时，当对方准备继续进攻时，可用前腿的侧踢或鞭踢或下压阻击对方。

前跃步（前进步）

动作过程：右架站立，两脚同时向前跃进一步，保持右架准备姿势，反之左架亦然。

要领：向前跃步时，重心不宜起伏过大，尽量使重心平稳移动，两脚稍离地即可。

实战使用：前跃步时，常用在快速接近对方以使用旋踢或下压等进攻动作；当对方前跃步时，可用前腿的劈腿或后踢或后旋踢迎击对方，但有时对方使用前跃步是为了引诱自己反击后要调整重心时再进攻得点，因此，此时自己可随即后撤一步而不被对方所利用。

后跃步（后撤步）

动作过程：右架站立，两脚同时向后回撤一步，保持右架准备姿势，反之左架亦然。

要领：向后回撤时，重心不宜起伏过大，尽量使重心平稳移动，两脚稍离地即可。

实战使用：后跃步常用在对方进攻，自己需要快速与对方拉开距离时，此时由于自己有一个向后撤的惯性，再用进攻的动作就一定有难度，一般是使用迎击动作如后踢或后旋踢等。因此若对方使用后跃步时，自己要防止对方的阻击动作；如果自己使用组合动作，在对方后跃步时，自己一般使用侧踢、推踢或外摆下压等动作。

原地换步

动作过程：右架站立，两脚原地前后交换，由右架换成左架，反之左架亦然。

要领：重心不宜起伏过大，尽量使重心平稳移动，两脚稍离地即可。

实战使用：原地换步常用在对方与自己是闭式站位，自己为了与对方形成开式站位用以更有利于击打对方胸部时，或是为了不让对方的优势腿发挥威力，使对方感到别扭。而当对方原地换步时，可利用此时机抢攻得点。

侧移步

动作过程：第一种步法是以前脚为轴，后脚向左（右）侧方向移动，用以改变与对手的站位方向；第二种步法是右架站立，右脚先向右（或向左）侧移动一步，随之左脚也迅速向右（或向左）侧移动一步。

要领：一般是将身体重心移向前脚，以利于后脚进攻。

实战使用：主动进攻时，对方反应速度快，则使用向一侧移动侧移步，诱使对方来不及调整身体重心而不能很好的反击。或是当对方进攻，自己不向后撤，而使用侧移步与对方贴近使用进攻动作。

垫步

动作过程：右架站立，右脚向左脚内侧上步，同时左腿迅速抬起以便进攻和防守。

实战要领：使用垫步，主要是在主动进攻时用前腿攻击对方。

三、准备姿势和步法的练习步骤

（1）练习左架准备姿势。

（2）练习右架准备姿势。

（3）练习左架与右架之间的原地换步。

（4）练习上步和后撤步（左架与右架都要练）。

（5）练习前跃步和后跃步。

（6）练习侧移步。

（7）练习连续向前跃步和连续向后跃步。

（8）练习连续侧移步。

（9）练习（左架）左脚先上步接左脚后撤步。

（10）练习（右架）右脚先上步接右脚后撤步。

（11）练习垫步。

（12）练习连续垫步。

（13）几种步法熟练后，可组合起来练习。

（14）结合教练员的手势或声音信号练习。

（15）两人配合练习，一人进攻步法，一人防守或反击步法。

（16）将两个以上的步法组合起来练习。

（17）结合旋踢、后踢等动作练习步法。

前踢和旋踢

一、前踢

前踢是学习旋踢的基础，在品势中常被使用。

动作过程

（1）右架站立，重心移至左腿。

（2）提起右大腿同时髋部略向左转，膝盖朝前，脚面稍绷直，双手握拳自然垂放在身体两侧（图6－1）。

①   ②

图6－1

（3）继续将髋关节前送，右大腿向前抬提，当大腿抬至水平或稍高时，向前弹出小腿，用脚面击打目标。

（4）直接向右转髋使右小腿折叠快收回原位，然后后撤右腿，还原为右架准备姿势（图6－2）。

① ②

图 6 - 2

要领

（1）提起右腿时，两大腿内侧之间的距离应尽量小，即右腿尽量直线出腿。

（2）为保持重心，躯干可稍向后倾，尽量将髋部向前送出，若是高前踢，髋部则要尽量向上向前送。

（3）击打时脚面绷直。

（4）小腿弹出后，在弹直的一刹那，要有一个制动的过程，使脚产生鞭打的效果。

（5）脚尖的方向向前上方。

（6）用前腿主要攻击面部、下颚。

易犯错与纠正

（1）髋部没向前送。

（2）击打时脚面没有绷直。

（3）提膝时没有直线出腿。

（4）支撑腿没有积极配合髋部的转动。

（5）小腿弹出后，在弹直的一刹那，要有一个制动的过程，即没有快打快收的折叠小腿的过程。

练习步骤和方法

（1）采用分解教法，先练提后腿，同时向前送髋。

（2）再练弹出小腿。

（3）完整练习前踢动作并能熟练使用。

（4）左右架交替练习。

（5）空动作练会后，脚靶配合练习。

（6）两人一组，交替进行前踢的练习。

（7）逐渐提高前踢的高度和远度。

实战作用

可用于攻击对手的裆部、下颌等部位。

例一：双方对峙，我调整距离（图6－3①），主动运用前踢腿进攻对方的裆部（非比赛的情况下）（图6－3②）。

①   ②

图6－3

例二：双方对峙，运用前踢假动作进攻（图6－4①），待对方向后退守时，突然以后踢进攻对方的胸部（图6－4②）。

①　　　　　　　　　②

图 6 - 4

二、旋踢

是跆拳道比赛中最为常用的动作之一，也是运动员得分的主要技术。

动作过程

（1）右架站立，重心移至左腿。

（2）提起右大腿同时髋部略向左转，膝盖朝前，大小腿折叠，脚面绷直（图 6 - 5）。

①　　　　　　②　　　　　　③

图 6 - 5

（3）继续将右大腿向前提高，左脚向外侧转动，右腿快速鞭打踢出小腿，膝盖朝向左侧。

（4）击打后，右脚自然落下成左架，然后后撤右脚，还原成右架准备姿势（图6－6）。

①　　　　　　　　　　②

图6－6

要领

（1）旋踢与前踢类似，区别在于旋踢腿的膝盖方向在击打的一刹那，是瞬时转髋朝向对方的腹部，而前踢腿的膝盖方向是向前上方。

（2）提起右腿时，两大腿内侧之间的距离应尽量小，即右腿尽量直线出击。

（3）为保护重心，躯干稍向左后倾以配合快速转髋。

（4）击打时脚面稍绷直，但踝关节要放松。

（5）小腿弹出后，在弹直的一刹那，要有一个制动的过程，使脚面产生鞭打的效果。

（6）提膝应尽量随着转髋同时进行，不能完全转髋后再提膝。

（7）左脚应积极配合髋部的运动，运动时可稍有一点踮起。

（8）用旋踢主要进攻对方的胸部和面部及肋部。

易犯错误与纠正

（1）右腿上提时没有直线向前上方提膝。

（2）躯干没有稍后倾，上体前压，使腿的长度没有被充分利用。

（3）大小腿折叠回收不够，击打力不够。

（4）击打时脚面没有绷直。

（5）小腿弹出后，在弹直的一刹那，没有制动的过程。

（6）先转髋再提膝，造成膝盖过早偏向右侧。

（7）左脚没有积极配合髋部的转动，左脚太"死"，或是在身体向前移动时，支撑腿没有配合向前移动，在后面"拖"着。

反击旋踢

按照旋踢的要领完成动作，只是支撑腿随身体重心的移动轨迹向后或向斜后方移动，当对方进攻时，自己则迅速向后移动重心，使用反击旋踢得点。

练习步骤和方法

（1）先练前踢待熟练后再开始练旋踢。

（2）提后腿（提膝），同时转髋。

（3）弹出小腿。

（4）熟练后可练习旋踢击打头部（高旋踢）。

（5）左右交替练习，使两条腿都能熟练旋踢。

（6）脚靶配合练习。

（7）高旋踢击打脚靶。

（8）两人一组，交替进行旋踢护具的练习。

（9）结合步法移动（前进、后撤、侧向移动）进行旋踢的练习。

（10）练习反击旋踢。

战术训练方法

（1）在对方原地换位的一刹那进攻旋踢：双方运动员在比赛中，准备祖师不断变换，目的一是有利自己进攻，二是让对方的优势腿发挥不出作用。在比赛中所要抓的时机便是利用对方换位的一刹那进攻旋踢，方法是：甲乙双方穿护具右架闭式站立（双方同是右架或同是左架站立则称为闭式站立，一方是左架，另一方是右架，则为开式站立，以下同），乙方原地换位的一刹那，甲方立即使用后腿旋踢。

（2）在对方上步时进攻旋踢：甲乙双方穿护具开式站立。乙方双脚一起向前跳一步，准备进攻时，甲方立即使用后退旋踢。

（3）用身体晃动调动对方，在对方后撤一步时使用旋踢；甲乙双方穿护具右架闭式站立，甲用身体晃动的假动作调动乙，使乙以为甲要进攻向后撤一步。甲立即进攻旋踢。

（4）在对方下劈时反击旋踢：甲乙双方穿护具开式站立，乙方用前腿使用下劈腿，甲方向一侧跳的同时使用旋踢反击。

（5）连续两个旋踢：甲使用左腿（后退）旋踢进攻乙，乙后撤，甲继续用右腿旋踢击中乙。

（6）用旋踢反击旋踢：甲右架，双方穿护具开式站立，乙用左腿旋踢进攻甲，甲换位后撤一步的同时使用左腿旋踢反击乙。

实战作用

可以用于攻击对方的头部、躯干及大、小腿部位。

例一：双方开式站立（图6-7①），我方突然以横踢腿进攻对方的头部或腹部（图6-7②）。

①　　　　　　　　　②

图6-7

例二：实战中，对方以横踢腿进攻我腰部（图6-8①），我方向后撤步防守；同时，以横踢腿反击对方的腹部（图6-8②）。

①　　　　　　　　　　　　②

图6-8

例三：实战中，对方以前腿下劈踢进攻我头部（图6-9①），我向右侧跳换步闪开对手攻击；同时，以横踢反击对方的腹部或头部（图6-9②）。

①　　　　　　　　　　　　②

图6-9

后踢和下劈

一、后踢

是跆拳道比赛中最为常用的动作之一，也是运动员反击对方进攻的主要技术。

动作过程

（1）右架站立，重心移至左腿。

（2）以左腿尖为轴，左腿跟外旋，身体向后方转动，同时提起右大腿，使大小腿几乎折叠，脚尖勾起，头部稍向右后方转动。

（3）右腿向后平伸后蹬，在蹬直前膝盖稍外翻（向右侧）（图6-10）。

① ② ③

图6-10

（4）用脚跟部位击打对方腹部和胸部。

（5）击打后，右脚自然落下成左架，然后后撤右脚，还原成右架准备姿势（图 6 - 11）。

① ②

图 6 - 11

要领

（1）身体右后向转动时，同时要快速提起右膝。

（2）身体转到被朝对方时要制动，同时右脚后蹬，此时身体不要再有转动，膝盖此时的方向应与左腿膝盖方向一致。

（3）在提起右腿时，两大腿内侧之间的距离应尽量小，既右腿"擦"着左腿起腿。

（4）身体转动时，头部配合同向转动。

（5）为保持重心，躯干在向下弯曲的同时可稍挺胸。

（6）动作熟练时，转身与后蹬应是同时进行的。

（7）最后再练习后踢击头（高后踢）。

（8）左腿应积极配合髋部的转动，调整好身体重心。

（9）由于对方进攻常常是侧向，后踢的方向应在正前方稍偏向右侧。

（10）用后踢主要进攻对方的胸部、头部和两肋部。

易犯错误与纠正

（1）身体转到被朝对方时没有制动，身体继续转动，腿不是直线向后踢出。

（2）在提起右腿时，右腿没有"擦"着左腿起腿。

（3）身体转动时，头部配合同向转动，但肩和上体不应跟着转动，否则容易被对方反击。

（4）转身与后蹬没有同时进行，动作不连贯。

（5）左脚没有积极配合髋部的转动。

反击后踢

按照后踢的要领完成动作，只是支撑腿向前跳，当对方进攻时，自己则迅速向前移动身体，使用反击后踢得点。目的是与对方拉开距离，实际是后跃步加后踢。

练习步骤

（1）开始练习时手扶支撑物，体会后蹬的感觉。

（2）练习转身同时提膝。

（3）平伸后蹬。

（4）进行完整的后踢动作练习，采用固定靶练习。

（5）熟练后可练习后踢击打头部（高后踢）。

（6）左架右架都可以同时练习。

（7）练习反击后踢。

（8）用沙袋进行后踢的练习。

（9）同伴手持脚靶，进行反应靶练习。

（10）同伴穿护具，进行反应护具的练习。

战术训练方法

（1）在对方旋踢时用后踢反击：甲乙右架闭式站立，乙方使用旋踢进攻甲，甲立即转身使用后踢反击乙。

（2）在对方使用前旋踢时用后踢反击；甲乙双方右架闭式站立，乙方使用前旋踢进攻甲，甲立即快速转身使用后踢反击乙。

（3）先用假旋踢调动对方，趁对方旋踢时使用后踢反击：甲乙双方右架闭式站立。甲使用后腿旋踢假进攻乙，以后撤一步然后用旋踢进攻甲时，甲趁势使用后踢反击乙。

（4）在对方使用双飞时用后踢反击：甲乙右架闭式站立，乙方使用双飞踢进攻甲，甲立即转身使用后踢反击乙。

实战作用

可用于进攻对方胸部、腹部或头部，也可以用于反击对方的进攻。

例一：双方实战姿势站立（图 6 – 12①），我方突然上步（图 6 – 12②），以后踢进攻对方的腹部（图 6 – 12③）。

①　　　　　　　②　　　　　　　③

图 6 – 12

例二：双方开式站立（图 6 – 13①），对方以横踢攻我，我在准确判断对方动作意图的前提下以后踢反击对方的胸部（图 6 – 13②）。

①　　　　　　　　　　②

图 6 – 13

二、下劈

下劈也称为下压和劈腿，是跆拳道比赛中常用的动作之一，也是进攻和反击对方进攻的主要技术。

动作过程

（1）右架站立，重心先移至左腿。

（2）提起右腿，同时略转髋向左并向上送髋，使右腿膝盖与胸部尽量贴近，身体重心尽量向上。

（3）右腿高举过头，右腿伸直贴紧上体，上体保持正直或稍前俯，重心向上。

（4）右脚脚面稍绷直，右腿快速下劈（如刀劈木块一样），用脚掌或脚后跟下砸对方的头部，身体重心前移至右腿上，身体要稍后仰来控制重心。

（5）击打后，右脚自然落下成左架，然后后撤右脚，还原成右架准备姿势（图6-14）。

图6-14

要领

（1）下劈与中国武术的正踢腿相似，区别在于下劈稍有一点转髋，并且踢腿向上时，要向上积极送髋，大小腿之间也可有一定的弯曲度。

（2）在下劈时，身体重心向前移。

（3）上提右腿时，右脚脚面不需要绷直，应自然放松，而下劈腿时要稍绷直。

（4）也可直接用前腿（左腿）使用下劈，右腿进行跟步（既随着身体重心向前移动而向前移动）。

（5）左脚应积极配合身体向前移动，调整好身体重心。

（6）在练习时，也多采用如武术中的外摆腿和里合腿的劈腿方法，只是在下落时是向前方劈下，分别称为外摆劈腿（由内向外摆）和内摆劈腿（由外向内摆）。

（7）在实际比赛中，自己使用下劈腿，对方往往会头部向后移动来躲避，此时有经验的运动员常常会在下劈时距离对方面部很近时，有一个向前的蹬踏动作，就好像腿长了一截似的，使对方躲闪不及而被击中面部，这要求使用者要有较好的柔韧性和控制腿的力量。

（8）用下劈腿主要攻击对方面部。

易犯错误与纠正

（1）起腿高度不够。

（2）支撑腿没有积极配合身体向上和向前移动，"拖"在了后面。

（3）下劈时，为控制好身体重心而使重心向前压过多。

（4）上体过于后仰，使得下劈力量不足。

腾空下劈腿

动作过程：左架准备姿势站立，先将身体重心移至左腿，右腿提膝向上，身体向上跃起，同时左脚蹬地起跳腾空，左腿使用下劈的技术向前击打对方面部。

要领：腾空下劈常常用在与对方处在中远距离时，要求两臂有力上摆，配合右腿上提和左腿蹬地而使身体迅速腾空，主要攻击对方面部。

易犯错误与纠正：上体在提膝腾空时就过于后仰或是举腿高度不够，使下劈腿时下劈力量不足。

练习步骤

（1）开始练习时可扶物先练提腿提膝和上举腿。

（2）练习下劈腿的动作。

（3）完整练习下劈腿动作。

（4）练习外摆腿和内摆腿的下劈动作。

（5）左架右架都可以同时练习。

（6）练习腾空下劈。

（7）用脚靶进行下劈的固定靶和反应靶的练习。

战术训练方法

（1）对方旋踢时用下劈腿反击：甲乙双方右架闭式，乙方用旋踢进攻甲，甲立即使用下劈腿反击乙头部。

（2）在分开时使用下劈腿：在比赛中双方在一个回合交战后贴在了一起，在既要分开的一刹那用下劈腿技术攻击对方。

（3）用旋踢调动对方，再用下劈腿攻击：甲乙右架闭式站立，甲方先使用旋踢假进攻先调动乙，乙后撤步使用旋踢反击甲，甲则立即用下劈腿攻击乙的头部。

实战作用

用于进攻对方头、面、肩等部位，也可以用于反击对方。

例一：双方闭式站立（图6－15①），我调整距离以下劈踢进攻对方的头部（图6－15②）。

①　　　　　　　　　　　②

图6－15

例二：双方闭式站立（图6－16①），对方用横踢进攻我胸部或头部时，我抢在对手前面以前腿下劈踢反击对方头部（图6－16②）。

①　　　　　　　　　　　②

图6－16

后旋和侧踢

一、后旋踢（简称后旋）

后旋是跆拳道比赛中常用的动作之一，也是运动员反击对方进攻的主要技术。

动作过程

（1）右架站立，以左脚尖为轴，左脚跟外旋，重心移至左腿。

（2）身体向后方转动，同时提起右大腿向斜后方 40 度左右蹬伸，头部向右后方转动（图 6 - 17）。

①　　　　　　②

图 6 - 17

（3）身体继续旋转，右腿借旋转的力，向后划一个半圆形的水平弧线，快速屈膝用脚掌击打对方头部。

（4）击打后，身体重心依然在左腿上，右脚自然落下，还原成右架准备姿势（图 6 - 18）。

要领

（1）右腿并不是抡圆了去划弧，在开始时有一个向斜后方蹬伸的动作。

③　　　　　　　　　　④

图 6 – 18

（2）身体向右后方向转动时，同时要快速提起右腿。

（3）身体转动时，头部配合同向转动。

（4）小腿在开始时要自然放松，在接触对方头部前瞬时绷直脚面，用脚掌呈水平弧线鞭打。

（5）动作熟练时，转身与后蹬接摆动应是同时进行的。

（6）左腿应积极配合髋部的转动，在完成整个动作之前，重心一直落在左脚掌半前部分。

（7）用后旋主要攻击对方的面部。

易犯错误与纠正

（1）右腿抡圆了去划弧，在开始时没有一个向斜后方向蹬伸的动作。

（2）身体向右后方向转动时，提起右腿的速度过慢。

（3）身体转动时，头部没有配合同向转动。

（4）小腿在开始时没有放松而完全蹦紧。

（5）左腿没有积极配合髋部的转动，左脚太"死"。

（6）右脚鞭打对方头部后，身体没有继续旋转，右腿直接斜下方向落地，不能用脚掌呈水平弧线鞭打，造成过早翻转身体而使重心过于偏后。

步骤

（1）支撑脚前脚掌着地转动，转身同时向后蹬伸腿。

（2）右腿向后摆动。

（3）先练习身体原地转动360度，右脚开始摆动时不要求高度，熟练后再逐渐升高摆动高度。

（4）进行完整的后旋踢动作练习。

（5）熟练后可练习左架的后旋踢。

（6）用脚靶进行后旋踢固定靶和反应靶的练习。

战术训练方法

（1）对方旋踢进攻时用后旋踢反击：甲乙右架闭式站立，乙方用旋踢进攻甲，甲立即使用后旋踢反击乙头部。

（2）对下劈进攻时用后旋踢反击：甲乙右架闭式站立，乙方用下劈进攻甲，甲方即使用后旋踢反击乙的头部。

（3）对方前旋踢进攻时用后旋踢反击：甲乙右架闭式站立，乙方用前旋踢进攻甲，甲方即使用后旋踢反击乙的头部。

（4）甲用假旋踢进攻乙，乙反击旋踢时，甲用后旋踢反击乙：甲先用假旋踢进攻乙，乙后撤步使用旋踢反击甲，甲立即用后旋踢反击乙。

实战作用

用于进攻对方的头部、颈部和胸部，也可以用于反击对方。

例一：实战中，我以横踢进攻对方头部，被对方躲闪或防守后（图6－19①），迅速连接后旋踢进攻对方的头部（图6－19②）。

① ②

图6－19

例二：双方开式站立（图 6 – 20①），对方以右腿横踢攻我（或双方闭式，对方以左腿横踢攻我），我在准确判断对方动作意图的前提下，以后旋踢反击对方的头部（图 6 – 20②）。

① ②

图 6 – 20

二、侧踢

主要用来阻挡对方进攻，不是主要得分动作。

动作过程

（1）右架准备姿势站立，将重心移至左腿，同时以左脚前掌为轴脚跟内旋。

（2）直线提起右大腿，弯曲小腿同时向左转髋，身体右侧侧对对方（图 6 – 21）。

① ② ③

图 6 – 21

（3）膝盖方向朝内，勾脚面，展髋，走直线平蹬出右腿，用脚掌外侧攻击对方。

（4）右腿自然落下，平撤回原位（图6－22）。

④　　　　⑤

图6－22

要领

（1）侧踢同中国散手中的侧踹。

（2）也可用前腿（左腿）直接侧踢对方。

（3）左脚一定要配合积极向前移动。

（4）用侧踢主要攻击对方两肋部、胸腹部。

易犯错误与纠正

（1）击打对方时，髋部没有展开，致使击打力度不够。

（2）大小腿折叠不够，或是蹬出的速度不快。

练习步骤

（1）先练习提腿转髋。

（2）再练习平蹬腿。

（3）完整练习侧踢。

（4）练习前腿的侧踢。

（5）练习侧踢击头。

（6）用护具或沙袋进行侧踢的练习。

战术的练习

（1）乙用旋踢时，甲用侧踢阻击。

（2）甲先用前旋踢击打对方，对方后撤后反击，自己则立即用前腿侧踢阻击。

（3）用下劈进攻对方，对方后撤后反击，自己则立即用前腿侧踢阻击。

（4）先用旋踢进攻对方，对方后撤后反击，自己则立即用前腿侧踢阻击。

实战作用

用于进攻对方头部、面部、胸部、腹部和肋部。

例一：双方开式站立（图6－23①），我调整距离以侧踢进攻对方胸部（图6－23②）。

① ②

图6－23

例二：双方闭式站立（图6－24①），对方以右横踢进攻我方胸部，我在准确判断对方动作意图的前提下，抢先以右腿侧踢进攻对方腹部或头部阻截对方（图6－24②）。

① ②

图6－24

双飞踢 （双旋踢） 与鞭踢

一、双飞踢 （简称双飞）

双飞踢是跆拳道比赛中较为常用的动作之一，也是运动员得分的主要技术。

动作过程

（1） 右架站立，重心移至左腿。

（2） 提起右大腿使用旋踢，然后在右脚未落下时，立即提左腿使用旋踢，也就是连续使用两个旋踢。

（3） 击打后，两脚自然落下，还原成右架准备姿势 （图6－25—图6－28）。

① ②

图6－25

图 6 – 26

图 6 – 27

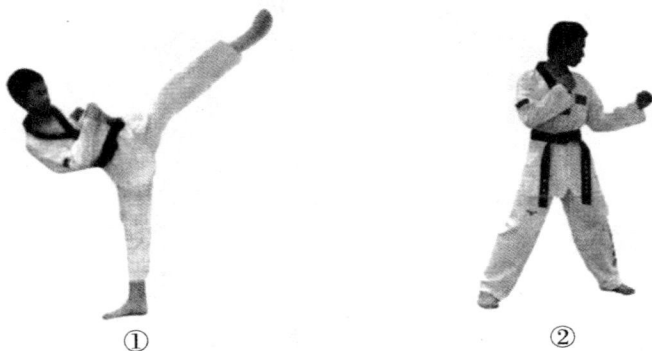

图 6 – 28

要领

（1）一般来说在中远距离时是使用双飞踢的较好时机，双飞踢中的第一个旋踢常常是为了找到合适的距离或破坏对方的进攻，以利于第二个旋踢。

（2）击打第一个旋踢时身体可稍后仰，以利于第二个旋踢。

（3）两腿交换之后，髋部要快速扭转。

（4）小腿弹出后，在弹直的一刹那，要有一个制动的过程，使脚产生鞭打的效果。

（5）双飞踢主要攻击对方的胸腹部、两肋部和面部。

易犯错误与纠正

（1）第一旋踢完全没有作出来，只是前踢了一下。

（2）两腿交换之间髋部扭转过慢。

（3）身体过于后仰。

训练步骤

（1）熟悉左架旋踢和右架旋踢。

（2）利用交叉脚靶完成学习双飞踢动作。

（3）利用护具练习双飞踢，配合者原地快速换位。熟练双飞踢后可练习三飞踢（连续三飞踢，前两个旋踢是赶距离，主要还是第三个旋踢击打得点）。

（4）熟练双飞踢后还可练习第二旋踢击打头部（高旋踢）。

战术训练方法

（1）甲乙双方右架闭式站立，甲先用假旋踢迫使乙后撤，甲再用双飞踢进攻。

（2）甲乙双方右架闭式站立，甲先用假下劈迫使乙后撤，甲再用双飞踢进攻。

（3）甲乙双方右架闭式站立，乙方原地换位的一刹那，甲方立即使用双飞踢。

实战作用

例：双方实战姿势站立（图6－29①），我方突然用前腿双飞踢分别进攻对方的胸部和头部（图6－30①②）。

①　　　　　　　　　　　　　　②

图6－29

①　　　　　　　　　　　　　　②

图6－30

二、鞭踢（勾踢）

要是用前腿击打，是在跆拳道比赛中不常用的动作。

动作过程

（1）右架站立，重心移至左腿，以左脚掌为轴脚跟内旋。

（2）身体向左方转动，同时提起右大腿向前，头部向左方转动（图6－31）。

图 6 - 31

（3）右腿膝盖朝内扣，右小腿由外向内有一定弧度的摆动并伸小腿，身体随之侧倾。

（4）突然屈膝，用脚掌向右横着鞭打对方面部。

（5）击打后，右脚自然落下，还原成右架准备姿势（图 6 - 32）。

图 6 - 32

要领

（1）为增加击打力度，右腿应先由外向内有一定弧度的摆动，再突然向右方鞭打。

（2）击打时，小腿和足尽量横着鞭打。

（3）身体转动时，头部配合同向转动。

（4）在开始时小腿要自然放松，在接触对方头部前再瞬间绷紧脚面，用脚掌击打。

（5）左脚应积极配合髋部的转动，调整好身体重心。

易犯错误与纠正

（1）右腿直着伸出，没有一定的摆动。

（2）在开始时小腿过于紧张而没有自然放松，小腿和脚掌没有横着鞭打。

（3）身体转动时，头部没有配合同向转动。

练习步骤

（1）开始练习时可手扶支撑物，体会向前蹬腿的感觉。

（2）练后用小腿鞭打。

（3）进行完整的鞭踢动作练习。

（4）左架右架都可以同时练习。

（5）两人用脚靶配合练习，开始先固定靶，然后反应靶练习。

战术训练方法

（1）甲乙双方右架闭式站立，乙用前旋踢进攻，甲使用前腿的鞭踢反击对方面部。

（2）甲乙双方开式站立，甲先用侧踢迫使乙后撤，乙后撤后立即使用旋踢进攻，甲则使用鞭踢反击。

实战作用

主要用于进攻对方头部、面部、胸部，也可以用于反击对方。

例一：双方闭式站立（图6－33①），我调整距离以勾踢进攻对方的面部（图6－33②）。

①   ②

图 6 – 33

例二：双方开式（或闭式）站立（图 6 – 34①），对方以横踢攻我，我以前腿勾踢反击其头部（图 6 – 34②）：

①   ②

图 6 – 34

前旋踢、转体旋踢（旋风踢）、推踢

一、前旋踢

前旋踢是跆拳道比赛中较为常用的动作之一，也是运动员得分的主要技术。

动作过程

（1）左架站立，左腿向前垫步，将身体重心移至左腿。

（2）提起右腿，向前送髋，大小腿稍折叠。

（3）绷紧脚面，右膝向内，快速弹出小腿。

（4）右腿自然下落，两脚同时后撤一步，还原成左架准备姿势。

要领

（1）前旋踢与旋踢相似，由于用前腿击打，距离对方很近，动作较隐蔽，很难使对方察觉，缺点是攻击力度小。

（2）后脚一定要配合积极向前移动。

（3）左脚的小腿要快速弹出，尽量增加鞭打力量。

（4）在击打的一刹那，膝盖方向朝向对方的腹部。

（5）小腿弹出后，在弹直的一刹那，要有一个制动的过程，使脚产生鞭打的效果。

（6）用前旋踢主要攻击对方的胸腹部、面部和两肋部。

易犯错误与纠正

（1）小腿直接伸直接触对方，使击打力度不足。

（2）垫步的动作幅度过大，动作隐蔽性不强。

（3）髋部没有前送，腿的长度没有被充分利用。

练习步骤

（1）侧平举起右腿，大小腿折叠，只练弹出小腿。

（2）练习垫步。

（3）完整练习前旋踢。

（4）右架动作熟悉后练习左架动作。

（5）熟悉后练习前旋踢击头。

（6）练习前旋踢击腹后右腿不落地而直接使用前旋踢踢击对方面部。

（7）用脚靶进行固定靶和反应靶练习。

（8）同伴穿护具进行反应护具的练习。

战术训练方法

（1）甲乙双方闭式站立，乙方原地换位时，甲立即使用前旋踢突然击打对方胸腹部或头部。

（2）甲乙双方闭式站立，乙方前跃步准备进攻的一刹那，甲立即使用前旋踢。

（3）甲乙双方闭式站立，乙方旋踢进攻，甲快速后撤一步，立即使用前旋踢反击乙方。

（4）甲右架，甲乙双方闭式站立，乙方使用前腿的下劈腿进攻甲，甲身体向左侧移的同时，使用前旋踢反击乙方。

二、旋风踢

旋风踢也称后转体旋踢，是跆拳道比赛中常用的动作之一。

动作过程

（1）甲乙双方闭式站立，甲右架站立，以左前脚掌为轴，脚后跟外旋，重心移至左腿。

（2）身体右后转约 360 度，右腿也随着向右后转动。

（3）身体稍后仰，右腿下落的同时左脚蹬地使用左腿旋踢技术。

（4）击打后，两脚自然落下成右架。

要领

（1）旋风踢主要用在中远距离时使用。

（2）提起右腿向后转动时，右腿围绕着左腿转动。两大腿内侧之间的距离不应过大。

（3）为保持重心，躯干应稍向后倾。

（4）击打时左脚脚面稍绷直，但踝关节要放松。

（5）左小腿弹出后，在弹直的一刹那，要有一个制动过程，使脚产生击打的效果。

（6）左脚应积极配合身体的转动，以左脚前掌为轴转动。

（7）用旋踢主要攻击对方胸腹部和面部及两肋部。

易犯错误与纠正

（1）躯干没有稍后倾，上体前压，使腿的长度没有被充分利用。

（2）左腿大小腿折叠不够，击打力度不够，小腿弹出后，在弹直的一刹那，没有一个制动的过程。

（3）左脚击打时脚面没有绷直。

（4）左腿没有积极配合身体的转动，左腿太"死"。

练习步骤和方法

（1）先练旋踢，待熟练后再开始练旋风踢。

（2）练习原地转身，右腿要主动配合转动。

（3）完整练习旋风踢。

（4）右架旋风踢熟练后再练习左架旋风踢。

（5）左右架交替练习，两个动作之间要向前上一步，使左右旋风踢能够连接起来。

（6）脚靶配合练习旋风踢。

（7）结合步法移动（前进、后撤、侧向移动）进行旋风踢的练习。

（8）用沙袋进行旋风踢的练习。

战术训练方法

（1）在对方原地换位的一刹那进攻旋风踢：甲乙双方开式站立，乙方为了防止甲后腿旋踢而原地换位，甲方立即使用旋风踢。

（2）用身体晃动调动对方，在对方后撤一步时使用旋风踢：甲乙双方右架闭式站立，甲用身体晃动的假动作调动乙，使乙以为甲要进攻向后撤一步。甲立即进攻旋风踢。

（3）连续两个旋风踢，甲使用左架旋风踢进攻乙，乙后撤，甲快速上一步，使用右架旋风踢击中乙。

三、推踢

推踢属于直线型腿法技术。它具有动作突然、起动较快的特点。实战中，主要用于阻截对方的进攻或与其他动作配合进攻，一般情况下推踢很少能够直接得分。

动作过程

实战姿势站立（图6-35①）；右脚蹬地，身体重心移至左脚；随即，右腿大小腿夹紧屈膝提起（图6-35②）；左脚以前脚掌为轴外旋约90度，上体略后仰；同时，右腿以膝关节为轴迅速向前蹬出，力达脚掌（图6-35③）；动作完成后右腿放松回收，成实战姿势站立（图6-35④）。

①   ②   ③   ④

图6-35

动作要领

（1）提膝时，大小腿应夹紧。推踢时，腿法运行的路线应是水平向前的。

（2）推踢时，髋关节应向前送，应利用身体重心的前移来加大腿法的力量。

实战作用

用于进攻对方的胸部或用于阻截对方的进攻动作。

例一：双方闭式或开式站立（图6-36①），对方用横踢攻我，我抢先用推踢进攻对方的胸部破坏对方的进攻动作（图6-36②）。

①　　　　　　　　　　②

图6-36

例二：比赛中，对方以转身动作（后踢或后旋踢）进攻或反击时，我以推踢抢先攻击其后背或臀部破坏对方的进攻动作（图6-37）。

①　　　　　　　　　　②

图6-37

拳进攻

拳进攻是跆拳道比赛中较为常用的动作之一，但往往很难得点，不是运动员得分的主要技术，它主要用来防守和配合腿的进攻。运动员右架站立，左手则为前手拳，右手拳则为后手拳。

一、后手拳的动作过程

（1）右架站立，右脚向后蹬地，腰部与上体快速有力地向后左前方转动，借以增加出拳的速度和力量。

（2）在右脚蹬地的同时，右臂快速前伸，肘关节抬起，前臂内旋，拳心向下方转动使拳面、前臂、肘关节与肩成一条直线并处在一个水平面上。

（3）同时身体重心移至左腿上，用拳击打对方胸腹部。

（4）在击打中目标后，有一个制动的过程，然后手臂迅速放松，并借左腿的支撑力量将手臂收回，恢复成右架准备姿势。

二、要领

（1）用拳击打上对方护具的一刹那，腕关节要紧张，将拳握紧，同时憋气，以加大出拳的力量。

（2）拳进攻主要在双方距离较近时使用，击打时要准备立即起腿进攻或反击。

（3）也可以用前手拳击打，一般是为了在距离较近时，出拳击打后使两人之间的距离拉大，并乘机使用腿攻技术，并使用下压腿、旋踢等。

三、易犯错误与纠正

（1）拳击打时腕关节放松了。

（2）出拳时，没有用力蹬腿和快速转腰，使得出拳无力。

四、战术训练方法

（1）双方运动员互相贴在一起，甲出拳击打乙方护具。

（2）甲乙右架站位，乙旋踢进攻，甲用左臂格挡乙腿，同时用右腿出拳击打乙护具，然后迅速提右腿使用旋踢进攻。

（3）双方运动员互相贴在一起，甲出拳击打乙方护具后立即提腿使用内摆下压击打对方面部。

防守技术

在跆拳道技术体系中，防守技术是不可缺少的内容，从得分和不失分的角度来看，它与进攻技术同样重要。在比赛中，如得分多，而失分更多，则还是输；如果在得分的同时又能很好的防守对方的进攻并能抓住机会反击，获胜的把握就更大一些，因此在进行跆拳道技术训练时，要把防守技术作为一项重要内容来练习。跆拳道的主要防守方法有三种：一是利用闪躲、贴近等方法，通过脚步的移动，使对方的进攻落空；二是利用手臂的格挡阻截对方的进攻；三是以攻对攻，用进攻的方法阻止对方的进攻。

一、利用闪躲、贴近等方法进行防守

闪躲就是当对方进攻时通过脚步的移动，向左右两侧或向后闪躲，从而使对方的进攻落空。而贴近就是当对方进攻时快速上步与对方靠贴在一起，使对方由于距离过近而无法发挥进攻的威力。如当乙方使用后腿下压技术进攻甲方时，甲可左侧或右侧移动身体，避开对方的下压进攻；再如当乙方前旋踢进攻时，甲方可快速后撤一步或是立即上前一步，贴近乙方，使其不能用规则允许的踝关节以下的部位击打得分。在比赛中，采用向后撤的方法运用在双方运动员都没有开始进攻时，这时两人之间的距离相对较远，后撤较容易使对方的进攻落空，在后撤的同时可使用旋踢、后踢、后旋踢或下压反击对方；采用向两侧移动的方法主要是在化解掉对方进攻的同时，使自己能够在合适的位置上快速有效的击打对方而得点；采用贴近的方法主要是在双方距离较近尤其是在第一次击打，一方想趁距离近，对方需要调整身体重心的时机快速起腿进攻得点，而另一方则立即上步贴近对方。

二、利用格挡的方法进行防守

按照防守方向来划分，格挡的方法基本上有向上、向（左右）斜下、向（左右）斜上防守三种。一般来说，运动员采用格挡的方法是出于以下的原因：一是对方进攻速度较快，自己来不及使用闪躲。贴近等方法时，下意识的用格挡进行防守；二是已预测到对方使用的技术，使用针对性的格挡是为了迅速作出反击动作，使格挡成为转化攻防的连接技术，为比赛得分创造条件。

这里不提倡防守者把手臂贴放在自身的得分部位上，用以减少对方的击打力度和效果。这样做的后果是：一旦对方击打力量很大，即使不能得点，由于没有缓冲的余地，很容易造成自己手臂甚至身体内部的受伤，而且不利于自己迅速作出反击动作。

向上格挡

1. 动作过程

右架准备姿势（以下均同）。左手握拳由下至上，用左前臂上架格挡，或是右手握拳，用前臂上架格挡，此时手臂上架的同时肘部向内侧移动，即应有一个向上并向外横拨的动作。一般来说，运动员右架站立时，用左前臂格挡，则有利于后（右腿）的进攻，进攻动作有旋踢、下压等；若运动员用右前臂格挡，则有利于前腿（左腿）的进攻，进攻动作有前旋踢、侧踢、下压等。

2. 要领

（1）抬臂要迅速，前臂弯曲上架，头部尽量后仰，不要与上架的臂在一个垂直面上，以免对方下压力量太大，自己前臂不能有效格挡时，面部不至于被对方打中。

（2）如果单纯只是上架，对方就会借力保持身体重心并快速收腿以连接下一个动作，这样对自己非常不利，正确的方法是向上格挡时手臂要有一个向上并向外横拨的动作，使对方借不到力而不能快速调整好身体重心。

（3）快速向上格挡的同时就准备实施反击，要在对手调整好重心或连接下一个动作之前进行反击。

3. 易犯错误与纠正

（1）向上格挡的同时没有向外横拨。

（2）只是单纯上架，没有立即反击。

（3）上架时手臂和头部在一个垂直面上，一旦对方下压力量太大，自己的面部也被对方击中。

4. 用法

防守对方的下压进攻。

向（左右）斜下格挡

1. 动作过程

右架准备姿势（以下均同）。左手握拳由上至下，用左前臂向左斜下方格挡，或是右手握拳，用右前臂向右斜下方格挡。一般来说，运动员用左前臂格挡，则有利于后腿（右腿）的进攻，进攻动作有旋踢击腹或击头、下压等；若运动员用右前臂格挡，则有利于前腿（左腿）的进攻，进攻动作有前旋踢、旋踢、侧踢、下压等。

2. 要领

（1）向左（右）斜下格挡时，要有力、短促，格挡幅度要小，格挡后手臂不要再有一个向外撩的动作。

（2）在左（右）前臂格挡的同时，身体要有一个向格挡的反方向移动的动作，与对方踢过来的腿有一定的距离。否则如果对方腿击打的力量较大，很容易连同手臂、护具一起被击打。

（3）向左（右）斜下格挡同时，也是自己迅速做出反击动作的最好时机之一。

（4）格挡对方的部位是其腿的胫骨以下的部位。

（5）在向（左右）斜下格挡的同时，要防止对方借力使用高前旋踢击头动作。

3. 易犯错误与纠正

（1）向左（右）斜下格挡时，格挡幅度过大，格挡后手臂还有一个向外撩的动作，使对方有时间调整身体重心。

（2）在左（右）前臂格挡的同时，身体没有向格挡的反方向移动，在对方腿击打的力量较大时，连同手臂、护具一起被击打。

（3）向左（右）斜下格挡同时，自己没有迅速做出反击动作，错过了得点的时机。

4. 用法

防守对方的击打腹部的旋踢、前旋踢进攻。

向（左右）斜上格挡

1. 动作过程

（1）右架准备姿势（以下均同）左手握拳由下至上，用左前臂向左斜上方格挡，或是右手握拳，用右前臂向右斜上方格挡。一般来说，运动员用左前臂格挡，则有利于后腿（右腿）的进攻，进攻动作有旋踢击腹或击头、下压等；若运动员用右前臂格挡，则有利于前腿（左腿）的进攻，进攻动作有前旋踢、旋踢、侧踢、下压等。

2. 要领

（1）向左（右）斜上格挡时，要有力短促，格挡幅度要小，格挡后手臂不要再有一个向外撩的动作。

（2）在左（右）前臂格挡的同时，身体（尤其头部）要有一个向格挡的反方向或向后移动的动作，与对方踢过来的腿保持一定的距离，即格挡的前臂不要与头部在一个水平面上，否则如果对方击打的力量较大，很容易连同手臂、头部一起被打击。

（3）向左（右）斜上格挡同时，也是自己迅速做出反击动作的较好时机。

（4）格挡对方的部位是其腿的胫骨以下部位。

（5）在向（左右）斜下格挡的同时，要防止对方借力使用侧踢阻击动作。

3. 易犯错误与纠正

（1）向左（右）斜上格挡时，格挡幅度过大，格挡手臂还有一个向外撩的动作，使对方有时间调整身体重心。

（2）在左（右）前臂格挡的同时，身体或头部没有向格挡的反方向移动，或头部没有向后移动，在对方腿击打的力量较大时，连同手臂、头部一起被击中。

（3）向左（右）斜上格挡同时，自己没有迅速做出反击动作，错过了得点时机。

4. 用法

防守对方的击打胸部、头部的高旋踢、高前旋踢、后旋踢、双飞击头进攻。

三、利用进攻动作进行防守

就是在对方进攻的同时，防守者也使用进攻的动作，即以攻代守。这种防守的方法在当前跆拳道比赛中被广泛使用，原因在于：当对方进攻时，身体重心发生了移动，他必然有一个调整身体重心的阶段，防守者抓住此阶段实施进攻动作，会使得进攻者往往无法快速回撤身体而限于被动或者失分。此时防守者的进攻动作属于后发制人的动作，与平常使用的进攻动作在移动方向或身体姿势上有一定的差别。如双方闭式站位，对方使用旋踢进攻，自己使用旋踢反击，由于对方先动，自己后动，要想自己不失分而又能有效击打对方，就必须向后撤的同时做出旋踢动作。又如当对方使用下压进攻时，自己此时使用后踢或旋踢进攻，即使自己能有效击打对方，自己也容易被对方击打中头部。此时若自己也快速起腿使用下压则就是很保险的防守，即使劈不中对方，也会有效地阻止住对方的进攻。

组合技术

组合技术，就是根据比赛中功防情况的变化，将两个以上的动作组合在一起的连接技术。由于跆拳道比赛的日趋激烈，运动员的技术水平越来越接近，可能运动员在进攻的同时就要防守，或是在防守的同时就要反击。使用单个的技术，往往会被有经验的选手化解或反击，为了战胜对手，就必须在熟练掌握单个基本技术的基础上，掌握一些组合技术，使对手在短时间内很难适应。当然这些组合技术也不是一成不变的，运动员在比赛中要根据场上的具体情况，灵活多变的运用组合技术，使对手摸不清自己技术动作的规律，借以达到出奇制胜的目的。

按功防性质来划分，组合技术概括起来大致有五种类型：进攻防守（即先进攻再防守）、进攻进攻（即连续进攻）、进攻技术防守技术进攻技术（即主动进攻后立即防守反击）、进攻技术进攻技术防守技术（即连续进攻后再防守）、防守技术进攻技术（先防守再反击）。

在跆拳道比赛中，进攻的同时可以使用格挡方法进行防守；在防守的同时可以反击。就同一个动作来说，即可以用来进攻，又可以用来防守，这就要求运动员不能死搬硬套，要根据实际情况灵活运用。运动员在练习组合技术和比赛中要注意的问题是：

1. 掌握至少两种绝招组合技术。一般来说，在比赛中能得点的常常是自己的绝招组合技术，这要求运动员在训练中要使自己的绝招组合技术精益求精，并能够在比赛中运用。

2. 在熟练掌握自己常用组合技术的同时，要基本掌握一两种相近的组合技术，以防备在对手了解了自己的得点组合技术时，能够随机应变。如经常使用旋踢结合后踢的组合技术，如果对手了解了，他就会先向后撤一步，躲闪掉你的旋踢，此时如果你突然变成旋踢结合外摆下压，则使得对手防不胜防。

3. 在比赛中，要及时抓住第二回合（第二次进攻）甚至第三回合的得点机会。

一、进攻结合防守技术

此种组合在跆拳道比赛中被运动员广泛使用。其特点是先主动进攻，如果一旦没有得点，则立即使用防守技术来保证自己也不会失点。他要求使用者在进攻时速度要快，尽量使自己第一次进攻（也称第一回合或打第一点）能够有效击中目标而得点，一般来说，如是第一个进攻动作直接得分，则一般应贴住对方或立即回撤；若是没有得点，在对方反攻的一刹那，使用防守技术阻击对方。

二、进攻技术结合进攻技术

此种组合在跆拳道比赛中被运动员广泛使用。其特点是连续主动进攻，如果第一点没有得点，则立即使用第二个进攻动作来击打对方。一般来说，当运动员使用第一点击打时，防守者的防守情况大致有：

（1）防守者主动后撤的速度比较快，进攻者第一点落空，进攻者使用第二次击打时速度要更快，否则很容易被反击。

（2）防守者后撤速度慢而失点，此时他往往会立即转入进攻，争取也能得点，而进攻者的第二次进攻就起到了防守作用，如果使用下压等击头动作，有可能使对方来不及躲闪再次失点或被击头。此时进攻者的第二次进攻要防备对方的击头动作。

（3）若进攻者打第一点时，防守者立即反击而使进攻者失点，此时进攻者的第二次进攻则起到了争取得点的作用。

三、进攻技术组合防守技术并结合进攻技术

此种组合在跆拳道比赛中被运动员广泛使用。其特点是先主动进攻，如果一旦没有得点，则立即使用防守技术来确保自己也不会失点，如果自己防守时被对方进攻得点，则要立即转入进攻，追击进攻，否则就等于自己白白失了一分。它要求使用者在进攻时速度要快，尽量使自己第一次的进攻（也称第一回合或打第一点）能够有效击中目标而得点，如果此时防守者失点，他往往会立即反击，进攻者则要快速转入防守，如果对方还要进一步追击，即非要"追"回这一点，而进攻者的第二次进攻就起到了防守或再次得点的作用。此时进攻者的第二次进攻要防备对方的击头动作。

四、进攻技术进攻技术防守技术

在跆拳道比赛中，如果观察到对方常用连续后撤的方法进行防守时，则可使用这种组合。其特点是连续主动进攻，如果由于防守者主动后撤的速度比较快，进攻者第一点落空，则立即使用第二个进攻动作来击打对方，要求两个进攻技术动作连接要快；如果防守者转入进攻，则进攻者的第二次进攻就起到了防守作用；如果防守者再次后撤后，就会进行反击，因为他若不进攻而连续后撤会使自己有被裁判罚判消极的可能；进攻者则使用防守技术进行阻击。因为进攻者连续进攻后，也需要快速调整一下身体重心，否则会被对方乱中取胜。

五、防守技术进攻技术

在跆拳道比赛中，如果观察到对方属于主动进攻类型的运动员，则可使用这种组合。防守结合进攻一般有两种类型，一种是先使用防守技术，然后立即转入进攻；还有一种就是在防守的同时使用进攻技术，也称为防守反击。在比赛中，防守的方法有手臂的格挡、通过身体、脚步的移动进行闪躲，主要利用技术动作进行阻击防守的方法，原因在于：

在阻击过程中，利用技术动作进行阻击防守也可看作是一次被动的进攻，它具备一定的攻击作用，如对旋踢进攻，自己立即使用击头阻击，如果是有效击打，则可使对手失去继续比赛的能力，即使没有得点，也可使对方下次进攻时不敢轻举妄动。

身体素质训练

一、柔韧训练

柔韧素质是正确规范地完成跆拳道技术动作的基础。柔韧性差的人一般踢不出跆拳道选手那样快速、有力的高腿，这并不是他们不会，而是自身柔韧素质比较差的缘故。例如跆拳道的后旋踢技术，身体旋转时，要求支撑腿充分后蹬，以获得最大的转身速度。此时，力由扭腰发出，最终传递到脚尖。蹬地时，需要获得强大的反作用力。如果身体柔韧性不好，攻击腿就显得僵硬，发力蹬地的效果和击打力量就大打折扣。

腿部柔韧性主要指人体下肢向不同方向的运动幅度以及肌肉、韧带等组织的伸展能力，也叫柔韧素质。训练柔韧素质的目的是为了提高肌肉、肌腱、韧带等组织的伸展性，增加躯干与四肢的活动范围，以免在攻防过程中引起拉伤。

影响柔韧素质的因素有很多方面，主要有骨关节活动范围、关节囊、年龄、性别、训练水平、气温、疲劳程度等。了解这些因素，是为掌握提高柔韧素质的规律，从而选择合理的练习方法来提高柔韧性，同时对于防止受伤也有好处。

在跆拳道训练中，提高柔韧素质的方法有两种：一种是静力性拉长法，另一种是动力性拉长法。静力性拉长法就是相对静止地拉伸韧带，并持续一定时间，使肌肉和韧带拉长。当肢体拉伸到一定程度时，要暂时静止不动（静止 30 秒或更长时间），使韧带有充分拉长的时间。例如练习劈叉、压腿就是静力性拉长法。动力性拉长法就是反复振动、拉伸，加大肢体的活动幅度、拉长韧带的练习方法。例如练习踢腿、摆腿就是动力性拉长法。动力性拉长法和静力性拉长法的共同要素就是力量。在相同条件下，动力性拉长法比静力性拉长法的效果大两倍以上，所以提高柔韧素质应该尽可能采用动力性拉长法。这两种练习方法的特点都是在一定力量的拉伸作用下，有节奏地逐渐加大动作幅度或多次重复同一动作，使韧带持续受到被拉伸的刺激。

跆拳道练习者的柔韧素质必须经过长期艰苦的练习才能逐步提高，而且练习过程中容易伴有疼痛感或者拉伤，停止练习后，柔韧素质又容易降低。因此，提高柔韧性需要极大的毅力和耐心，只有意志坚强的人，通过科学的练习方法，才能取得明显的效果。

正压腿

面对肋木或一定高度的物体，并步站立，一腿放在肋木上，另一腿直膝；两手扶按膝关节，立腰收髋；上体前屈并向前、向下做压振动作。练习时，左右腿交替进行。

侧压腿

侧对肋木或一定高度的物体，一腿支撑，脚尖稍外撇，另一腿的脚跟搁于肋木上；右臂上举；两腿伸直，立腰开髋，上体向脚尖侧压。练习时，左右腿交替进行。

后压腿

背对肋木或一定高度的物体，两手叉腰或扶一定高度的物体，一腿支撑，另一腿后举，脚背搁在肋木上，脚面绷直；上体后屈并做压振动作。练习时，左右腿交替进行。

仆步压腿

两脚左右开立，一腿屈膝全蹲，另一腿挺膝伸直，身体向直腿一侧振压。练习时，左右腿交替进行。

竖叉

两手左右扶地或自然下垂；两腿前后分开成直线，前腿后侧着地，脚尖勾起，后腿的内侧或前着地；上体向前振压。

横叉

两手在体前扶地，两腿左右分开成直线，上体俯卧或侧倾。

盘腿前俯

两腿屈膝盘坐，两脚掌相对；两手握住两脚；上体前俯。

要注意的是，大家在家里进行的时候一定要先热身，以免造成肌肉拉伤。

二、速度训练

跆拳道的速度素质包括动作速度、反应速度以及动作速率。跆拳道的速度训练重点是要提高运动员的反应速度和动作速度。运动生理学研究表明：一个人的反应速度主要受遗传的影响，后天的训练并不能从根本上改变人的反应速度。速度训练的目的是把每个人受遗传因素影响的最快反应速度稳定下来。在训练中通常会采取以下的方法：

动作速度的训练方法

1. 单个动作速度练习

单个动作速度训练的方法，一人实战姿势站好，等教练或同伴发出声音或信号后以最快的速度进行攻防动作练习。

2. 组合技术速度练习

在单个动作技术掌握熟练后可以进行组合技术练习，将两个或两个以上的动作进行组合，听到教练声音或信号后快速完成。

3. 利用冲刺跑、下坡跑、加速跑、后蹬跑等练习不同状况下的动作速度。速度耐力的本体感觉，会对提高动作速度提供最直接的身体感觉。这种感觉在跆拳道中表现为可以提高动作的加速度，提高步法的移动速度。

4. 单位时间内快速完成动作数量训练

规定时间内（1秒或几秒）完成快速冲拳或出腿练习，单位时间内完成的数量越多效果越好。

5. 利用负重的方法练习

在负重的条件下做拳法或腿法练习，去掉负重后会提高动作速度。

反应速度训练方法

1. 打移动靶练习

教练员或同伴拿靶，在移动中突然示靶，运动员根据不同靶位快速作出反应。运动员打靶后教练员可以用靶进行反击，让运动员作出防守动作。

2. 条件实战法

规定一方进行主动进攻，另一方进行防守反击，防守反击的一方要根据主动进攻一方的动作作出选择性的反击动作。

3. 远距离攻防练习法

双方在一定距离限制下，互不接触，一方以各种技术动作进攻，另一方作出相应的反击。

4. 实战练习法

实战是练习跆拳道复杂反应的最好办法，经常与不同对手进行实战，可培养运动员的应变能力，提高竞技水平。

速度训练的注意事项

1. 速度训练时，要按规格要求完成动作，所选用的动作应是练习者已经熟练掌握的，练习的时间不宜过长。以30秒一组为宜，一般不要超过1分钟。

2. 负重练习时，重物的重量要比最大力量练习时的小。进行反应训练或条件实战时，要从比赛的角度出发，讲究实效性。

3. 速度训练具有很大的训练强度，因此训练量不宜过大。要掌握好间歇时间和休息方式，间歇的时间应保证后一次练习完成的速度在一定的范围内不低于前一次。

三、耐力训练

激烈的对抗对运动员的体力消耗是很大的；在这种情况下如果没有充沛的体力作为保证，技战术的发挥就会受到影响。因此要想取得比赛的胜利，耐力训练也是不可忽视的。耐力训练可分为有氧耐力和无氧耐力两种。

有氧耐力训练

进行有氧耐力训练主要采用强度小、负荷时间长的方法。我们在训练中经常采用的方法有以下几种：

1. 越野跑

以心率为指标控制在每分钟 150 次左右，负荷时间为 30 ~ 60 分钟。也就是说，在心率为 150 次左右的情况下进行 30 ~ 60 分钟的越野跑训练，要坚持跑完全程。

2. 10 ~ 15 分钟跳绳练习

在 10 ~ 15 分钟的时间内进行跳绳练习，并且要求保持跳动频率不变。可以变换跳动方式，如单脚跳、双脚跳等。

3. 组合技术空击练习

采用各种进攻与防守动作练习，要求动作快速、连续、协调、间歇时间短。做 5 ~ 8 组，每组 2 ~ 3 分钟，组间休息 1 分钟。

4. 一人对多人的车轮战

练习者 1 人与 3 人或 4 人陪练进行逐一实战或条件实战。比赛时间为每局 2 ~ 3 分钟，练习者不得休息，连续进行，每局换一位体力充沛者与其对阵。

无氧耐力训练

进行无氧耐力训练主要采用负荷时间短、练习密度大、间歇时间短的练习方法。在跆拳道训练中经常采用以下几种方法：

1. 上下台阶法

练习者面对台阶以最快的速度冲刺上台阶，然后放松走下来，每组8～10分钟，间歇1～3分钟，做2～3组。

2. 30米、60米、100米冲刺跑

间歇30秒至1分钟，做3～5组。

3. 400米、800米变速跑

在400米跑道上，直道时全速冲刺跑（80～100米），弯道时进行放松走，间歇30秒至2分钟，做3～5组。

4. 打靶练习

A. 快速双飞或横踢踢靶或踢护具，可以行进中打或后退打。数量为50～100次/组。做3～5组，组间休息1～2分钟。

要求：出腿频率要快，动作连贯不可停顿。

B. 原地或行进中单腿横踢踢脚靶（50次，40次，30次，20次，10次）递减法，或（10次，20次，30次，40次，50次）递增法。

要求：规定时间内完成，动作速度要快，频率要快。

5. 反应打靶练习

两人一组，一人在移动中任意出靶，练习者快速反击进行击打。1～2分钟一组，每组间歇30秒至1分钟，做3～6组。

耐力训练的注意事项

（1）要根据练习的要求，合理地安排运动量、训练强度和间歇时间。

（2）训练时，所选择的耐力训练内容要与专项结合进行，使练习者适应跆拳道比赛对抗激烈、强度大的特点，结合跆拳道基本技术，发展符合跆拳道所需要的专项耐力。

（3）增加力量练习的次数，是发展肌肉耐力的一个有效方法。保持减轻练习的负荷，增加练习的重复次数和时间，是发展肌肉耐力的较好方法之一。

（4）耐力的训练既是身体的训练也是对练习者意志品质的锻炼过

程。在耐力训练时，除要用各种方法进行练习外，还要求练习者要有吃苦耐劳、坚韧不拔的意志品质。

四、力量训练

力量素质是掌握运动技术，提高运动成绩的基础。在竞技跆拳道训练中，对腿、腰、腹、背的训练要求较高，但上肢力量的练习作为辅助也是不可缺少的。

最大力量训练的常用方法

训练思路：发展最大力量练习的主要目的是提高力量素质，增强比赛中的对抗能力和击打能力。多采用器械的练习方法。

要求：最大力量练习时，要根据本人的实际情况，切不可急功近利，否则容易造成损伤。练习次数不宜过多，一般每周 1~2 次为宜。

1. 发展上下肢最大力量的常用方法

卧推杠铃：仰卧在长凳上做卧推杠铃动作。

俯卧撑：如没有杠铃可做俯卧撑练习。

负重深蹲：肩扛杠铃（或重物），做深中蹲起练习。

蛙跳练习：屈膝全蹲，双腿蹬地连续向前跳跃。

2. 发展腰腹最大力量的训练方法

仰卧起坐：在器械上或在同伴的帮助下做仰卧起坐练习。

俯卧体后屈练习：在器械上或在同伴的帮助下做俯卧体后屈练习。

肋木垂悬举腿：双手抓住肋木或单杠做举腿动作。

3. 发展全身最大力量练习

抓举杠铃或负重弓步跳练习。

速度力量训练的常用方法

训练思路：速度训练是跆拳道身体训练的重点内容之一。速度训练的主要目的是克服阻力、提高技术动作的速度。小力量训练方法在训练中常被采用，即采用最大肌肉力量的 60%~70%，在较好的身体状况下，以最快的速度完成。训练中一般采用皮条或小沙袋作为辅助器械。

要求：采取负重练习或皮条练习时，要注意动作路线的正确性，不能变形。

1. 皮条练习

脚踝绑上皮条做各种腿法练习，如：横踢、侧踢、后踢等。

2. 小腿绑上沙包做腿法练习

小腿绑上沙包做各种腿法练习，内容同上。

力量训练的注意事项

（1）进行力量训练时，应使身体局部力量、整体力量、发展大肌肉群和发展小肌肉群力量的训练结合起来。

（2）合理地安排训练负荷，科学地进行调整。发展最大力量应采取强度大、重复次数少的练习方法。发展速度力量应采取中等重量、快速度、多次数的方法，要求在最短时间内发挥最大力量。

（3）进行强度较大的力量训练时，要注意肌肉的放松与调整，防止肌肉僵化，提高肌肉弹性。刚开始训练的人每周安排 3 次效果较好。

五、灵敏、协调训练

灵敏、协调素质训练是跆拳道训练中非常重要的环节之一。它是在各种复杂变化的条件下，运动员迅速、合理、敏捷、协调准确地完成各种动作的能力。灵敏协调素质是运动员反应速度、动作速度等的综合表现。

练习方法

1. 防守练习

两人一组，一人手拿脚靶或护腿向练习者身体的各个部位进攻，练习者防守或躲闪。

2. 听信号做动作

（1）练习者快速向前跑，听到教练员或同伴的信号后快速转身跑。跑的距离应在 20 ～ 30 米。

（2）练习者做转体 360 度跳数次，听到教练或同伴的信号后向前冲刺跑。

（3）练习者趴在地板上或盘腿坐好，听到教练员或同伴的信号后快速起立冲刺跑。

3. 巧摸肩、头、腹部练习

两人站在一定范围的场地内，做一对一的巧摸对方肩部、头部及腹部练习。

4. 技术组合练习

将不同的技术组合在一起，进行组合练习，锻炼练习者的灵敏、协调能力。如左横踢—后腿双飞—后旋踢。

灵敏、协调素质练习时应注意的事项

（1）灵敏、协调素质练习要和其他素质练习结合进行。因为灵敏协调素质的发展与其他素质的发展有着密切的关系，有时一项内容的练习有多项内容的练习效果。

（2）要注意灵敏协调素质的训练时间不宜过长。过长会影响练习的效果，训练中，一般安排在训练课的准备活动中或与其他素质练习同时进行。

（3）灵敏协调练习不仅在基础训练时要安排进行，而且要贯穿到整个训练过程中。在不同的训练阶段都要适当安排灵敏、协调素质训练，因为发展灵敏协调素质对掌握和改进技术动作有主要的作用。

（4）练习时，可选用多种练习方法，以增加练习者的练习兴趣。

技术训练

跆拳道技术的教学是使学生学习并掌握完整的跆拳道技术，形成一定的跆拳道运动技能，并且通过技术训练不断提高学生的身体机能，学习和掌握跆拳道的理论知识，增强自身的自信心；而跆拳道则要通过技术训练，不断的提高技术运用水平，培养良好的训练和比赛作风，为创造优异运动成绩打下坚实的基础。

进行跆拳道技术训练必须遵循运动技能形成的规律，任何一个跆拳道动作的掌握，都要经历由开始学习时的粗略形成技术阶段，到改进提高技术阶段，直至巩固运用技术阶段。在这三个阶段的训练过程中，要采用的一般训练方法有：讲解法、示范法、分解法、完整法、重复法、间歇法、变换法、游戏法、比赛法等。

在跆拳道技术训练中，除了要采用一般训练方法外，还主要采用以下几种方法：

一、慢速、快速重复练习

慢速重复练习适用于运动员学习新的动作。运动员学习新动作时要对动作的规格有明确的要求，如身体的姿势，重心的高低，手臂的位置，步法的移动、腿的动作路线、击打部位、结束姿势等等。这将直接影响练习者以后对其他技术的掌握。

在教练员的讲解、示范或经过自学后，一般不要立即快速练习，而要采用慢速度的模仿练习，复杂动作还应分解练习。此时不应过分追求动作的击打力量、速度，不应仔细揣摩动作的发力点、路线和动作要领，一个动作不要在一组中过多的重复次数，要少次数、多组数。如可将 5 组 10 次的练习改换成 10 组 5 次，这样可以避免即使动作错了也不会重复过多的次数，同时也可以避免运动员感到枯燥。在组数之间，应让教练和同伴进行指导，或面对镜子，边练边检查，不断地重复正确的动作。

快速重复练习则适用于运动员练习绝招技术。运动员在技战术已达到自动化的程度时，一般要根据自身特点，选择几种在比赛中常用的绝招技术并反复进行强化，此时则需要运动员以最快速度进行重复练习。

二、结合身法和步法练习

经过慢速重复性练习基本学会了动作后，则根据实战的需要结合相应的身法和步法进行练习，使技术与实战紧密联系。如练习旋踢技术时，可以练习向前上一步后再进行旋踢练习，或是后撤一步再练习旋踢，或是要求先用身体晃动引动对方。这样可以使运动员避免枯燥的单纯的步法练习，又可以较快地和实战结合起来。

三、想象实战练习

运动员掌握了一些基本的技战术后，在自己单独练习时，应假设是在实战中有对手在与自己对抗，对手采用各种战术和技术进攻自己或防守自己的各种进攻技术，自己则从实战出发，选择几组进攻和防守反击的方法，做想象中的个人练习。进行这种练习，可在一次训练课的准备活动的后半部分或实战前以及提高训练强度时采用。

四、互不接触的功防练习

由于跆拳道是两人的直接对抗，为减少不必要的受伤情况的发生，在训练中要求两人一组，一方主动进攻，另一方防守反击，或是两人按照比赛的要求进行互不接触的实战，也就是通常说的点到为止。这种练习方法可以消除初学者的害怕心理和预防运动受伤。但在进行时，应要求：

（1）练习者学会保持适当的距离，不要太远或太近。

（2）要求运动员在运动中做出动作。

（3）由于不能真正击打，运动员往往会敢于进攻，而容易忽视实际的功防转换，因此要防止胡踢乱踢，要仔细揣摩步法和抓住击打时机并借鉴对方的长处。

五、固定靶的练习

这是利用沙袋、大脚靶、多层护具等器材作为击打目标的练习。练习的目的不同，方法亦不同。如果要求提高动作速度和击打力度，练习者要快速完成一定时间内某一动作；若只要求提高练习者的动作频率和耐力，则应规定时间和组、次数的要求。另外按照比赛中常用的组合技术布置几组固定组合靶的练习，如 3～5 名同伴手持不同高度、不同放置角度的脚靶站在一条直线上或不同方向上，由练习者依次踢靶。

六、配合"喂招"练习

跆拳道训练非常重视并经常采用脚靶、护具的喂招练习。要求配合者手持脚靶，配合练习者进行技术练习，如将脚靶放置与胸齐平，让练习者旋踢；将脚靶放置与头齐平，让练习者练习高旋踢击头动作。护具喂招则是配合者身穿护具，用身体的移动配合练习者的进攻和防守，如配合者上步欲要用旋踢进攻，练习者则立即后踢反击。这种练习不但能够有效提高练习者进攻和防守反击的动作质量，还可以提高练习者击打的准确性、步法的灵活性和良好的距离感等。练习中，还可要求配合者变换喂招的方式，如快速出靶或连续出靶，这样既可以提高练习者的反应速度，又可以使练习者逐步熟练动作之间的连接，从而与实战较快的结合起来。下面即为配合者使用脚靶连续喂招的方法之一：左手旋踢—右手下压—左手高旋踢—右手后踢—两手交叉双飞—右手向前伸反击旋踢—左手后旋踢。

七、条件实战练习

即对实战提出要求，限制一些因素进行实战的一种方法。这种练习方法经常在跆拳道比赛中被采用。如果要求双方队员在一个回合中只能运用旋踢进攻和用旋踢反攻；一方只能用前旋踢和下压进攻，而另一方只能用后踢和下压反击，不准主动进攻等等。这种方法的优点是针对性强，能有效的训练和提高运动员的某一方面的能力，经常用在实战的初级阶段和战术训练中。条件实战一般包括以下几个方面：

（1）同伴配合，创造时机和姿势以便进攻者完成进攻战术。

（2）同伴配合，创造时机和姿势以便进攻者完成防守战术。

（3）同伴配合，创造时机和姿势以便进攻者完成防守反击战术。

（4）同伴配合，不创造时机和完成技术的便利姿势，进攻者用自己的行动创造机会完成进攻战术或防守战术或防守反击战术。

（5）同伴配合，同时积极的防守，但不全力防守，进攻者全力完成进攻战术或防守战术或防守反击战术。

（6）双方运动员进行实战，一方进攻，一方反击，但都不十分用力。

（7）双方运动员进行实战，限制一方运动员的进攻技术。

（8）双方运动员进行实战，限制一方运动员的防守技术。

（9）双方运动员进行实战，限制一方运动员的防守反击技术。

（10）双方运动员进行实战，限制双方运动员的进攻技术。

（11）双方运动员进行实战，限制双方运动员的防守技术或防守反击技术。

（12）增加难度，与实力高于自己的同伴实战。

八、实战练习

运动员掌握并熟练了跆拳道技战术后，要按照规则进行不断的实战，逐步提高技战术的应用能力。要在对抗中，（在与比赛要求一致的情况下）将技战术使用出来，这样才能在实际比赛中达到利用技战术和其他方面的因素战胜对手，获取比赛的胜利。实战的时间可以根据训练的目的进行安排，如30秒钟实战，则主要让双方运动员在短时间内学会抓住时机尽可能的多进攻并得分；5分钟三局实战，则主要使双方运动员在超过正式比赛的时间内，学会在非常疲劳的情况下使用动作战胜对手，并达到培养坚强意志品质的目的。

七腿一拳

根据统计，跆拳道的所有技术组合都是由"七腿一拳"延伸出来的，下面我们按照比赛中得分率的高低顺序依次给大家介绍这"七腿一拳"。

一、横踢

比赛得分率：超过80%。

技术形式：后横踢、前横踢、高位（前、后）横踢。

得分部位：中位（躯干被护具包裹的部分）；高位（除后脑以外，被头盔覆盖的部分）。

后横踢是比赛中出现率、成功率最高的技术。在一场完整的比赛中，运动员的每一次交手回合几乎都能出现后横踢技术。

二、下劈

比赛得分率：50%左右。

技术形式：前腿下劈、前腿跳下劈、后腿下劈。

得分部位：高位（面门）。

下劈动作是动作幅度最小的高位技术，易于操作，所以无论男子或女子比赛，下劈的使用率都相当高。

三、后踢

比赛得分率：40%左右。

技术形式：中、高位后踢。

得分部位：中位（躯干正面被护具包裹的部分）；高位（面门及

下巴）。

后踢技术的特点是动作幅度大，所以一般用于迎击、反击战术。一场比赛中可能会出现一次至两次后踢技术。

四、双飞

比赛得分率：30%左右。

技术形式：中、高位双飞。

得分部位：中位（躯干两侧被护具包裹的部分）；高位（头部两侧被头盔覆盖的部分）。

双飞动作的距离范围属于中远距离，一般用于远距离追击对手。双飞需要运动员出色地控制重心和以髋关节力量做保证，所以双飞在男子比赛中出现的频率远远高于女子比赛，几乎每场男子比赛中都可以看到双飞动作。

五、旋风踢

比赛得分率：15%左右。

技术形式：主要以中位为最常见。

得分部位：中位（躯干正面被护具包裹的部分）。

既然是属于远距离得分技术，也就注定了旋风踢99%会以进攻追击的形式出现在比赛中。旋风踢又称360，因为整个技术完成时，运动员的身体已经旋转了360度。

六、后旋

比赛得分率：不超过10%。

技术形式：高位后旋。

得分部位：高位（头部两侧被头盔覆盖的部分）。

后旋又称后摆，后旋的得分率之所以比其他腿法低，是因为不仅要找到合适的击打机会、距离，还要将自己转身击打的时间差全部计算精准。一旦成功击中对手头部，轻则对对手造成强大的心理打击，重则直接 KO 对手。

七、侧踢

比赛得分率：不超过 5%。

技术形式：中、高位侧踢。

得分部位：中位（无法明显得分）；高位（面门）。

由于侧踢技术必须将胯完全展开，不利于回收和连接下个技术动作，因此极少出现于比赛中。

八、拳

比赛得分率：几乎为 0。

技术形式：中位（躯干正面被护具包裹的部分）。

技术动作特点：拳的动作，必须保持手臂低于肩部的水平高度。出拳的路线是直线，也就是大家常说的直拳。

拳的主要作用是通过与身体的移动相结合，达到破坏对手进攻距离，或当双方贴靠在一起时辅助自身移动的目的。

战术训练

一、战术训练

战术训练要求

1. 培养和提高运动员的战术意识

战术意识是指运动员在比赛中，为达到战术目的而决定自己战术行为的思维活动过程。战术意识强的运动员，能在复杂多变、紧张激烈的跆拳道比赛中，及时准确地观察对方的情况，预测和判断对方的行动，随机应变、及时迅速地制定和实施自己的行动方案。比赛中每一个战术的正确运用，都是在战术意识支配下完成的，所以，战术意识水平的高低是衡量一个跆拳道运动员成熟与否的重要标志之一。

2. 全面了解，重点掌握，有所创新

跆拳道训练中，要使运动员全面了解跆拳道的各种战术方法，弄清各种战术的不同特点。在此基础上根据自己的身体素质、技术水平、心理素质、智力水平等特点，设计和重点掌握几种适合自己的战术方法，练至精熟，以适应不同情况。并在应用中不断积累经验，有所创新，保持领先的优势。

3. 注重战术训练质量

在训练中，不但要让运动员了解更多的战术知识和战术行动方法，还要提高运动员的战术质量。只满足于泛泛的掌握多种战术方法是不行的，只有精通所掌握的战术，才能在激烈复杂、瞬息万变、困难重重的比赛实战中自如地使用战术。所以，在战术训练时必须注重提高战术质量。只有质量过了关，才能做到无论遇到任何对手、出现任何情况都能使战术充分发挥出来。这样才能真正达到预期的战术训练目的。

4. 与其他训练内容紧密结合

战术是在运动员的身体、技术、心理、智能等训练基础上建立起来的，没有这些做基础，战术只能是空中楼阁。在平时的训练中，要把战术训练渗透到每一个训练环节当中去。不管对什么训练内容都要强调运动员的战术意识，提出相应的战术要求，加强实战意识的培养，提高运动员战术训练的主动性和自觉性，从整体上提高训练质量。比如在技术训练中，就要有强烈的技术应用意识，将单纯地使用技术变成有目的的战术行动。

5. 充分发挥运动员的思维力和创造力

运动员是训练的主体，在战术训练时，要不断发挥运动员的思维积极性和创造性。教练员要有效地调动他们的主观能动性，挖掘他们的潜力，鼓励和启发他们进行积极的思考和创新，努力培养运动员处理比赛场上各种情况的能力。如果忽视运动员的思维力和创造力，一味地高压灌输，结果往往导致运动员的战术应变能力差，遇到突发情况难以创造性地进行应对，容易陷入被动。教练员可以通过提问、分析、讨论、交流体会等方法和措施，使运动员养成战术思维的习惯，体会战术创新的益处和乐趣。

6. 不断总结胜利经验和失败教训

跆拳道实战比赛是求真的，来不得半点儿马虎。同样是进行实战练习或比赛，不同的运动员收获是不一样的。优秀的运动员善于从失败和胜利中获得经验和教训，每次实战训练或比赛都能获得很多收获，得到许多体会。哪些是促成胜利的因素？哪些是导致失败的原因？运动员只有认真进行思考和总结才能不断取得进步。

教练员要不断引导和提高运动员的观察能力、思维能力和分析能力，科学合理地安排实战练习比重。运动员要通过亲身实战和观察他人实战，不断总结经验教训。日积月累，运动员的战术知识、战术方法和实战经验会越来越丰富。

战术训练方法

技术应用是在战术的指导下进行的，没有正确合理的战术很难赢得比赛的胜利。跆拳道常用的战术训练方法有以下几种：

1. 讲解分析法

对某一战术的具体方法和应用要点进行分析和讲解，还可利用多媒体等教学设备与运动员一起讨论分析，使运动员对这一战术有一个直观的了解，建立起整体清晰的概念。

2. 想像默练法

运动员通过模拟比赛情境，想像对手的打法和策略，然后有针对性地应用所学战术与对手进行假设性实战。

3. 模拟训练

教练员或同伴，根据不同对手的战术使用情况，进行最大限度的模仿，选手则根据所制定的战术与对方进行适应性实战，熟悉对方打法，找到克制对方的方法。

4. 实战练习

进行教学实战和交流比赛，赛前和在比赛中，运动员和教练员共同研究比赛的战术，在实战中努力实施所指定的战术，并根据对方的战术变化情况灵活地变化战术。这种形式主要练习战术的综合应用能力。

二、战术应用原则

知己知彼原则

知己知彼，百战不殆。只有充分了解对方的具体情况，才能更好地制定战术方案，使自己的战术行动具有针对性。应该从对方的体力情况、技术特长、擅长的战术打法、心理素质、应变能力等方面入手，寻找对方的弱点，这样就可以做到对对方的情况心中有数，提高自己战胜对方的信心和勇气，增加比赛的胜算。

谋划在先原则

跆拳道比赛的抽签，在比赛前一天进行。比赛开始之前就能够知道自己的对手是谁，是哪个运动队的。要根据对方的特点制定相应的比赛战术。在与对方比赛之前，教练员要和运动员一起针对可能出现的各种情况，制定比赛的战术方案，做到有备而战。

区别对待原则

跆拳道比赛一般使用单淘汰的方式，所以比赛中难免遇到不同的对手，这就要求运动员要根据对方的不同情况，设计和使用不同的战术方案。

随机应变原则

在跆拳道比赛过程中，应该根据预先了解的对手的情况，设定几个不同情况的战术方案。比赛时，先使用首选的战术，如果比赛过程中对方的情况发生变化，战术被对方克制时，就要根据对方的变化，及时调整战术，采取第二套或第三套方案，以变应变。

自信拼搏原则

在跆拳道比赛场上，运动员可能会遇到各种不同情况，有顺境也有逆境。无论遇见任何对手，出现任何不利于自己的情况，都要充满信心，顽强拼搏，以正确的比赛态度，全力以赴地投入到比赛中去，积极主动地使用平时练就的各种战术能力，充分发挥平时的训练水平。

战术种类应用

一、技术战术

跆拳道的技术使用策略包括进攻、反击和防守。在比赛实战中，有一部分是单一形式的进攻或者反击，有一部分是进攻和反击交替连续进行。双方连续多次交替的进攻与反击是高水平比赛中常见的现象。攻中有反、反中有攻的强烈实战意识与实战能力，是运动员进攻和反击战术熟练应用的结果。

进攻战术

进攻战术是以我为主、先发制人的攻击。积极的进攻会获得更多的得分机会。掌握比赛的主动权。跆拳道的进攻战术包括直接攻击、间接攻击和连续攻击。科学合理地使用攻击战术，会打乱对方的阵脚，破坏对方的预先计划，从而控制比赛节奏。常用的进攻战术适合力量大、速度快、体力好、判断准、技术特长突出的选手。

1. 直接攻击战术

直接攻击战术是指在充分了解对方技术、战术、素质、心理等特点的基础上，选择适当的时机和技术直接攻击对方。根据使用的方式可以将直攻战术分为抢攻和强攻两种，抢攻是创造机会抢先攻击，强攻是指强行突破对方的防线的攻击。抢攻的特点为"快"，强攻的特点为"猛"。强攻需要仔细考虑，抓住时机，当比分落后或自己体力好于对方时适合使用强攻战术。使用直攻战术时，进攻动作要快速突然，攻击的意念要果断坚决，切忌拖泥带水，犹豫不决。成功应用直接进攻，可以达到等对方发现选手的动作时，选手已经攻击到对方，对方来不及反击或移动。在直攻战术中，主要应该选择使用自己擅长的技术。

使用直接攻击战术时应该注意：直接攻击是有计划、有准备的战术行动，并不是不顾一切的死拼乱打，发现或制造出使用直接攻击的条件时才可使用。跆拳道实战比赛中，出现下列情况时可以使用直攻战术，实现抢攻或强攻。

（1）对方精力分散。

（2）对方精神过于紧张。

（3）对方某处失去防守。

（4）对方防守能力差。

（5）对方疑虑太多、犹豫不决。

（6）距离对方较近，能够迅速使用进攻动作。

（7）对方因疲劳，反应速度和动作速度减慢。

（8）对方反应速度较慢。

（9）对方心理素质差。

（10）选手身体素质好，技术全面，但比赛经验不如对方。

（11）身体素质好，但技术不如对方。

2. 间接攻击战术

间接攻击战术是指在跆拳道实战比赛中，运用虚假动作，诱使对方产生错觉，在对方判断不准或犹豫不决时，进行真正的进攻。随着跆拳道运动技术水平的不断提高，特别是当对方反应快、防守能力和反击能力较强时，直接进攻容易遭到对方的反击。这时使用一定的手段和方法，转移、分散对方的注意力，使对方产生错觉，就可以使对方形成有利于自己的姿势、反应和行动。为自己创造更多的进攻条件。

诱使对方上当产生错觉的方法包括假动作、虚晃、欺骗、露出破绽等。引诱的手段和形式要适时进行变化，不让对方抓住规律。动作要逼真。假动作要与真动作结合使用，让对方难以判断真假和虚实。

"引诱"只是手段，"攻击"才是目的。引诱的同时要作好攻击对方破绽的准备，一旦对方上当，就要快速、敏捷、准确地实施攻击。

3. 连续攻击战术

连续攻击战术是指实施连续两次或两次以上攻击的方法。在一次攻击发出后不管击中与否，只要对方来不及防守或防守不当，对方出现破绽，有机会继续攻击，就要连续进攻，不给对方喘息之机，令其只有招架之功没有还手之力，从而获得更多的利益。连续攻击可分为原地连续攻击和移动连续攻击，移动连续攻击又包括向前追击对方的连续攻击和边后退边攻击的连续攻击。

（1）使用连续攻击战术的基本条件：

对于防守能力弱、步法移动不灵活的对手，可以多组织连续的攻击。

选手体力充沛，对方体力较差时，可以充分使用连续攻击战术，发挥自己的体力优势。

对方的心理素质较差时，采用快速猛烈的连续攻击，扰乱和破坏对方的心理平衡、战术准备和距离感，令对方丧失斗志和信心。

对方反击能力不强时，可以多使用连续攻击战术。

选手身体素质好，技术全面，但比赛经验不如对方。

选手身体素质好，但技术不如对方。

对方被击后愣神或发呆时，发动连续攻击扩大战果。

（2）使用连续攻击战术的注意事项：

头脑清醒。要根据对方后退的状况，寻找其弱点进行攻击。不能乱打乱踢，只顾猛冲，否则不但容易让对方乘虚而入，而且还会消耗更多的体力，被对方所利用。

控制好动作幅度和力量大小。只有动作和力量控制恰到好处，才能维持好自己的身体平衡，才能使连续攻击有章有法，顺利完成。

快速多变。快速是指连续击打的速度要快。连击动作协调连贯。多变是指击打的目标要多变，方法要多变，节奏要多变。例如：有时打头，有时打腹；有时用前腿，有时用后腿，有时抢先半拍攻击，有时错后半拍攻击；有时两次连击，有时是多次连击，等等。

在连续攻击时要有反击意识，做到攻中有防，以变应变。

反击战术

在跆拳道比赛中，进攻和反击是相互克制的。在防守对方进攻的基础上，抓住其暴露的空隙和破绽进行攻击称为防守反击。在对方发动攻击的同时进行反击称为同时反击。在对方发动攻击的开始进行反击称为迎击。不管哪种形式的反击都是后发制人的攻击。反击并不是被动和消极，消极的防守只会被动挨打。防守的同时想到攻击，就有了积极因素。以攻击动作代替防守是更高级的反击。使用一个技术来完成的反击叫单击反击；使用连续的多个技术来完成的反击叫连击反击。反击战术在跆拳道比赛中有着广泛的应用。

1. 反击战术的形式

（1）防守后进行反击。指的是先防守对方的攻击，然后再反击。采用这种反击方法应注意，防守和反击要紧密相连，不等对方恢复或发出第二个攻击动作就要反击到对方。

（2）同时进行反击。就是边防守对方进攻边进行反击，防守和攻击同时完成，是反击的高级形式。只要把握时机，找好反击的点、线、面，对方就被击无疑。

（3）迎击。对方刚要做动作还没发出时，迅速攻击达到反击的目的。如一方面采用后横踢进攻，另一方面原地使用前踢下劈攻击对方头部或原地使用后踢攻击对方腹部。

2. 反击战术的应用方法

（1）对付动作欲大的选手。

（2）对付动作不连贯的选手。

（3）对付进攻后防守意识差的选手。

（4）对付性情急躁、缺乏比赛经验的选手。

（5）对付不擅长攻防转换的选手。

（6）与主动进攻相结合，掩盖自己的反击意图。

（7）对方进攻速度较慢。

二、心理战术

心理战术是指利用各种方法和手段刺激和影响对手，扰乱对方正常的比赛心理，使对方不能顺利完成预定的战术计划，从而为自己的技战术发挥创造更好的条件。心理战术的主要目的是确立自己的心理优势，鼓舞士气、增强信心、提高斗志，削弱对方心理使其处于劣势，或盲目自信、或丧失信心、或因压力过重而烦躁不安等。常用的心理战术有以下几种：

显示实力

显示或夸大自己的实力，给对方造成心理压力，产生惧怕心理。常用的方法有：

（1）采取舆论战，显示、夸耀自己的强大和不可战胜。

（2）利用赛前热身表现自己的激昂斗志和必胜信念。

（3）利用自己的特长技术，在比赛开始时猛攻猛打，给对方造成强大的心理压力，使其产生恐惧，丧失信心，失去斗志。

以假乱真

赛前发布假情报，制造各种假象，让对方真假难辨。虚实难测，使对方产生错觉，误认为有机可乘，导致其采取错误的战术行动。情报内容包括体力、伤病、训练时间、比赛经验、思想动态等。

赛前隐蔽实力

给对方传递自己实力平平，抱着学习的态度来比赛，无望取胜等信息，使对方放松警惕，产生轻敌心理，削弱其战斗意识。待真正比赛时则判若两人，达到令对方措手不及的效果。

情绪干扰

根据人的性格弱点，采用有效的方法引导其产生不正常状态，使自己有更多的可乘之机。对于有勇无谋、一味死拼的对手，往往经验不足容易上当。可以引其猛攻，耗其体力，同时根据对方的出招规律寻找漏洞给予准确攻击；对于胆小谨慎的对手，就要猛打猛冲，以声音、气势和技术，给对方施加压力，使其产生畏惧心理，不能正常发挥技战术；对于情绪起伏较大的对手，可以有意制造比赛困难，使其畏难而丧失取胜信心，对于急躁易怒、情绪易波动的对手，应有意识地去激怒对方，使他的情绪失控，形成犯规或无章法的乱打，对于个性倔强，主观而固执的对手，与其斗智，让他经常犯同样的错误，对于骄傲自大的对手，则应有意示弱，使其骄上加骄，放松警惕，疏忽大意。

三、体力战术

体力战术是指在跆拳道比赛中，合理地分配和使用自己的体力以获得比赛优胜的方法。跆拳道比赛绝大多数场次都要打满三局，每局3分钟（青年比赛男子和女子都为2分钟，成年女子2分钟），局间休息1分钟。紧张激烈的比赛需要很大的体力消耗，体力分配是否合理成为比赛取胜不可忽视的一个因素。

体力分配原则

1. 均衡性原则

一般情况下，要把体力平均分配在三个回合当中，避免出现不均衡现象，最大限度地保证技术在三个回合的比赛中均能理想地发挥出来。跆拳道比赛不是三局两胜制，而是根据三个回合的最后得分和优势情况判定胜负，所以要避免比赛前半部分猛打猛冲而后面体力不支的"前紧后松"现象，以及比赛开始时缩手缩脚，生怕体力不够，当意识到应发挥体力时，比赛却要结束了，结果体力没有完全发挥出来"前松后紧"现象。

2. 区别对待原则

在跆拳道比赛中，要根据对方的不同情况灵活分配体力。这就需要在赛前和比赛中观察对方，获得准确的有关对方的体力信息与技术信息，制定相应的体力使用方法，有的放矢、区别对待。

3. 整体需要原则

跆拳道比赛中应根据自己的体力情况和比赛情况发挥体力，根据整个比赛需要分配每一场比赛的体力，着眼于整体，不能局限于一场比赛。如果一天要参加两场以上的比赛，在面对较弱的对手时，要适当地保存自己的体力，只要确保获胜即可，不必使体力消耗太多。以保证下一场或下几场比赛有充沛的体力。但是在没有领先优势和获胜的把握时，则必须全力以赴，不能保留。

4. 节省原则

体力节省就是用最少的体力消耗来达到最大的实战效果，减少不必要的体力浪费，提高技术的应用效率。节省体力要注意比赛前、比赛期间和比赛回合间的休息。在整个比赛期间，运动员单纯用来打比赛的时间并不是太多，休息和准备的时间占了很大一部分。但运动员往往在赛前和两场比赛之间比较兴奋，精神处于高度紧张的状态中，这样就会消耗许多精力。运动员要调整好心态，采取有效的方法积极休息。在比赛的回合之间，有1分钟的休息时间，运动员应该尽量放松全身，同时做深呼吸。

比赛时身体要放松。当两人对战时，身体要放松。在做技术动作时如果协调用力，就不会产生多余的紧张，可以节省一部分能量。在裁判暂停比赛时也要放松身体等待比赛开始。总之，要充分利用一切可以放松调整的机会，养精蓄锐，以利再战。

提高动作使用效率，避免无用动作。在跆拳道比赛时，有的运动员盲目乱打，踢不上也踢，打不上也打，以为这样可以占据主动。实则相反，因为跆拳道比赛是以得分多少判定胜负的，不是看谁踢腿次数多。所以，在比赛中要增强得分意识。提高技术的使用效率，不做无用的动作。让体力发挥更大的作用。

体 力 分 配 方 法

在充分了解对方体力情况的基础上，制定体力分配方法。

（1）对方体力较差时，在第一局和第二局要进行积极的进攻和反击，消耗对方体力，不给对方喘息机会。对方身上会产生体力不支、技术动作走形、反应迟钝、速度降低等现象，这时要继续发挥体力优势，积极使用技术，取得比赛的主动权。

（2）我方体力较差时，要利用各种方法控制比赛节奏，节省体力，保证技术和战术发挥。要做到有耐心、有章法，攻防有序，不急不躁。当对方与自己拼体力时，可找准机会，应用有效技术重击对方，挫其锐气，或使用贴身、换角度、过渡技术等手段，巧妙化解对方的攻势。

（3）双方体力相当时，在充分发挥自己体力潜力的基础上，以发挥其他战术为主与对方作战。

（4）比赛经验较差时，可以通过发挥体力优势，来弥补自己技战术不足的弱点。

四、规则战术

规则战术是指在比赛中充分利用规则允许的手段，获得无形得分，形成比赛优势的策略。规则战术中有以下几种常见的方法：

（1）K.O取胜。用特长技术或不常见招法，重击对方头部或躯干，使对方因重伤退出比赛。K.O战术是在大比分落后时赢得比赛胜利的方法之一，也是提前结束比赛的一个重要途径。

（2）使用有效手段和方法，迫使或诱使对方多次犯规，造成 -4 分而犯规失败。这也是一种在比分落后时赢得比赛胜利的方法。这种方法同样可以提前结束比赛。

（3）迫使对方被裁判多次警告或扣分，使其产生心理压力而发挥失常。

（4）了解裁判的特点和水平，在比赛中用相应的技战术获得更多利益，形成优势。比如裁判对击头得分的尺度放宽时，要多创造机会攻击对方头部；裁判强调后踢得分时，就多利用后踢与对方作战；裁判对倒地判罚较严时，就多想办法破坏对手重心使对方失去平衡倒地等。

五、克制战术

克制战术是限制对方的长处，发挥自己的长处，攻击对方弱点的比赛策略。每个运动员都有自己擅长的技术和打法，同时也存在薄弱之处。如有的擅长横踢，有的擅长后旋踢，有的身高腿长，有的善于防守反击，有的善于猛攻，等等。在比赛时要采用适当的方法，克制对方的特长，攻击对方的弱点。

对付矮个选手或善于近距离攻击的选手

尽量与对方保持相对较大的距离，防止对方突然靠近，与对方拉开距离作战。在对方向前接近时，迅速直接用横踢、侧踢、下劈等腿法，进行迎击抢攻。有机会就连击，没有机会就迅速撤离到对方攻击范围之外。

对付身高腿长的选手

身高腿长的选手占有距离的优势，遇到这样的选手时可用下面的方法应对：

（1）采用灵活步法，在对方进攻（反击）失效或注意力分散时迅速接近并连击对方。攻击结束后，要迅速靠近对方或与对方拉开较大距离。

（2）利用假动作诱使对方上当，然后迅速接近并攻击对方。

（3）如对方反应较快难以接近时，可采取强攻策略，快速接近对方并作好防守准备，不管对方是否攻击，在自己获得距离后，连续猛攻对方。

（4）同一级别中，身高特别突出的选手，一般体力都比较差，再加上动作幅度大，每次动作消耗的能量都较一般人多。所以，比赛开始就要加快动作节奏和攻防节奏。先消耗掉对方体力，然后利用各种战术去战胜对方。

（5）身高腿长的选手大多擅长下劈、推踢和横踢技术，防守时应多采取左右认躲的方法，尽量避免使用后闪的方法防守，否则易遭对方的连击，陷于被动局面。

对付善于主动进攻的选手

（1）以攻对攻。可用假动作干扰其进攻，或采取抢先进攻的方法抑制对方的进攻，迫使其转攻为守，限制其特长发挥。

（2）防守反击。发动主动进攻需要改变实战姿势，身体的某个部位必定会产生防守漏洞，这时要组织积极恰当的反击，以守为攻，化被动为主动。

对付善于防守反击的选手

善于运用这种战术的选手，一般都反应快、判断准，他们善于观察对手进攻的方法并能迅速找出对方的漏洞。他们的防守能力强，闪躲技巧和还击技术都比较突出。对付这类选手可用以下方法：

（1）进攻时要适时变化攻击策略与方法，隐蔽自己的进攻意图，避免让对方抓住规律。

（2）可用佯攻的方法，诱使其做出习惯的反击动作，抓住机会快速攻击。

（3）使自己的真正攻击和假攻击结合起来。让对方难以判断自己的真假虚实。

（4）抢攻后迅速移开，使其反击落空。

（5）用反击策略获得更多的得分。如1＋2战术（甲方攻击得一分，乙方在甲方得分后反击得一分，紧接着甲方继续攻击再得一分，这次攻防乙方得一分，甲方则得两分）等。

对付善于连击的选手

防守时尽量避免向后退，可以选择向前与对方靠近，不给对方距离，破坏对方的连击；或者向两侧移动，使对方连击动作落空，然后寻机攻击对方。

六、场地区域战术

场地区域战术是根据规则的规定，在场地不同位置使用不同的方法获得利益的比赛策略。边角作战就是典型的场地区域战术之一。

处在内角位置的选手经常使用的战术方法

（1）把握机会采用长距离进攻。

（2）把握时机连击。

（3）压制对方逼迫其出界。

（4）对方急于向场地内移动时，迎击对方。

处在外角位置的选手经常使用的战术方法

（1）抓住时机抢攻。

（2）对方进攻时迅速前靠，然后转换位置。

（3）随时准备迎击或反击，同时寻找机会主动进攻。

（4）对方攻击时侧向移动，寻机攻击或转换到内角位置。

技术应用技巧

一、距离

跆拳道实战的距离是指跆拳道实战中，双方之间形成的空间间隔。根据运动状态，跆拳道比赛距离可分为静态距离和动态距离。静态距离是指实战双方原地对峙不动时形成的空间间隔。动态距离是指实战时一方或双方移动的过程中形成间隔。

距离的存在形式

距离的具体形态可分为以下四种：

1. 远距离

双方相距在一步半左右，哪一方直接出击都难以攻击到对方。

2. 中距离

双方相距一步左右，哪一方的直接攻击都有可能击打到对方。

3. 近距离

双方距离在一步以内，需要调整距离来使用技术。或者将技术加以变化才能攻击到有效部位。

4. 贴身

双方躯干相靠在一起，这个距离难以使用技术。

在跆拳道比赛中，必须在恰当的距离使用恰当的技术，否则，展开的进攻或者攻击不是落空，就是超过了攻击目标。比赛场上双方不断地动动停停，大多数攻击和反击都是在移动中完成的。这要求跆拳道选手不但要有良好的距离感，把握距离，控制距离，而且还要具有原地攻击和移动攻击两种攻击能力。

远距离攻击策略

1. 进攻策略

双方处在远距离状态时，直接进攻难以击中对方，需要先缩短双方之间距离，等对方处在自己的攻击范围内时，再进行攻击。一般的策略有两个：①步法移动接近＋攻击；②边做假动作边接近＋攻击。

2. 反击策略

当对方在远距离发起进攻时，第一个策略可采用直接迎击的方法攻击对方，另一个可以先进行短距离的后移。然后实施反击。远距离攻击常用的技术方法一般包括两类：①双飞＋360度横踢；②向前移动的步法＋各种腿法技术。

中距离攻击策略

双方处在中距离时，可以直接发起攻击，也可以微微前后移动并结合假动作迷惑对方，待抓住对方破绽后进行攻击。中距离是大多数跆拳道技术能够发挥效用的距离，横踢、双飞、后踢、下劈、后旋踢等腿法都适合在这个距离内使用。必须明确的是，这个距离是进攻的最佳距离，同时也是反击的距离。两者是矛盾统一的。所以，在进攻的同时要严密注意对方的变化，防范对方的反击。在对方主动进攻或连击时，要根据对方的行动，组织有效的第二次、第三次，甚至多次攻击。

近距离攻击策略

双方处在近距离时，可以实施直接攻击，也可以间接攻击。直接攻击时要选用那些短距离的进攻技术和反击技术。间接攻击时要通过步法或者身法调整好距离再攻击对方。拳法、后踢、双飞、后旋踢、内摆下劈、外摆下劈等技法都适合近距离时使用。

贴身攻防策略

当双方处在贴身状态时，除了内摆踢、外摆踢这两种腿法能够打到对方的头部，其他技术都派不上用场。在贴身状态时，可以使用摆踢攻击对方头部，还可以通过转移身体位置、调整距离后进行攻击。同时，也要注意防守对方通过这两种方式组织的攻击。

二、战机

战机是实战中技术应用的时间性，是打击对方的最佳时间和机会。准确把握战机是提高跆拳道技艺的重要途径，是跆拳道技术使用的又一关键环节。每一位跆拳道运动员，都必须研究有关战机的知识，并在实践中不断总结，逐渐提高把握战机的能力。

战机的本质

战机的本质就是对方失去防守或者防守能力差的瞬间。从生理学角度分析，这样的瞬间有三个：

（1）从人体接受刺激到肌肉开始运动有一段时间间隔。人体的所有运动，必须依靠骨骼肌的收缩和舒张来完成。骨骼肌的收缩和舒张由大脑皮层神经中枢发出的指令控制。人体攻防的动作需要经过一个神经传递过程后才能实现。这个神经传递过程是：感觉器官（眼、耳）—传入神经—神经运动中枢—传出神经—肢体运动。尽管神经传递速度很快，但也需要一定的时间。生理上称之为人体的反应时。

（2）从肌肉开始动作到结束需要一定的时间，生理上称之为运动时，完成每一个攻防技术都需要一定的时间。

（3）动作的转换需要一定的时间间隔。身体姿势变化和连接，都要依赖神经中枢兴奋与抑制的复杂转换来完成。这种转换需要一定时间，我们称之为变换时。

以上三个瞬间是战机赖以存在的理论依据。抓住对方的第一个瞬间进行攻击。会使对方来不及完成应对动作。主动进攻就是利用这个瞬间的存在。攻击对方的第二瞬间可达到避实击虚的效果，闪躲击打、同时击打，等等，都是利用选手"运动时"的存在。攻击对方的第三个瞬间，可以有效地瓦解对方连击。反击战术的时间差打法就是利用这个瞬间（变换时）的例子。跆拳道比赛中如果抓住了这三个瞬间，就可以巧妙地打击对方。使自己"弹无虚发"，招招奏效。

主动进攻的战机

（1）在对方准备发起进攻时抢先进行攻击。对方准备攻击但还没有发起攻击时，他的思想、意识和全身肌肉的运动方向都在为进攻作准备，相对来讲，这时他的防守和应变能力就比较差。如果在这一瞬间抢先攻击对方，会使对方措手不及，达到后发先至的效果。

（2）在对方精力分散时进行攻击。对方精力分散，是指他的思想意识没有全部放在实战上，就是平时说的思想"开了小差"。发呆、愣神、漫不经心等，都是精力分散的具体表现。但这样的时间往往非常短。需要选手细心体察，遇到这样的情况，一定要及时果断地进行攻击。

（3）在对方变换动作时进行攻击。当对方变换动作时，攻防能力一般都比较差，可以充分利用这一瞬间攻击对方。在跆拳道赛场上，双方经常要变换站位和动作，在对方变化动作的过程中，抓住时机突然进行攻击，往往容易奏效。

（4）引诱、欺骗或假动作起作用时进行攻击。战机常常需要去制造，被动地等待战机出现是消极做法。引诱、欺骗、假动作是制造战机、扰乱对方的良好手段。当这些手段起作用时，就应该毫不犹豫地实施攻击。

迎击的战机

（1）在对方动作尚未完成时攻击。

（2）在对方用步法靠近时攻击。

反击的战机

（1）闪开对方攻击的同时进行攻击。也就是说同时进行打击，但必须通过步法和身法的移动闪开对方的进攻，同时使用自己的技术动作攻击，并非乱打硬拼。

（2）防守的同时进行打击。指使用各种格挡防守的同时进行攻击。

（3）在对方攻击落空时进行打击。使用移动技术让对方的攻击落空，抓住这一瞬间，迅速攻击对方。

连击的战机

（1）对方受到打击而失去平衡时。

（2）对方胡乱防守、无章无法时。

（3）对方面对进攻盲目退逃、没有反击能力时。

（4）对方发呆、不知所措时。

三、节奏原理

节奏是指在跆拳道实战中，动作与动作之间，组合动作与组合动作之间的时间间隔。

节奏的决定因素

在跆拳道比赛中，运动员在赛场上的行动包括以下几项内容：

（1）站成实战式与对方对峙，运用各种方法寻找战机。

（2）用跆拳道技术攻击（进攻、反击、迎击、连击）对方。

（3）步法移动。

（4）在裁判判罚时等待比赛继续开始。

（5）示意得分。

这些行动时间的长短和内容的多少，决定了运动员的比赛节奏。

节奏的分类

跆拳道的比赛节奏，可分为动作节奏和攻防节奏两种。

1. 动作节奏

动作节奏是指实战双方在一个时间段内攻防动作的多少，也就是每一次攻防交锋所完成的动作的多少。动作数量多说明节奏快，动作数量少说明节奏慢。

2. 攻防节奏

攻防节奏是指在跆拳道比赛中，双方攻防交锋次数的多少。攻防次数多说明节奏快，攻防次数少说明节奏慢。节奏快的跆拳道比赛激烈刺激、观赏性强；节奏慢的跆拳道比赛，激烈程度不高，观赏性就比较差。

现代的跆拳道比赛，非常提倡积极主动的进攻，对跆拳道的攻防节奏和动作节奏要求很高。对于攻防节奏慢，以消极的比赛态度来进行比赛的运动员，裁判员要给予相应的处罚，引导比赛向精彩激烈、富于竞争性和观赏性的方向发展，使比赛更具文化特点和哲学意义。优秀的运动员必须具有很好的实战节奏控制能力。

控制节奏的方法

常用的跆拳道实战节奏控制方法有如下几种：

1. 根据比赛回合控制攻防节奏

一般情况下，第一回合时，双方的动作节奏和攻防节奏都相对较慢，这是因为选手先要试探对方，了解对方的特点，掌握对方的出招规律。在没有了解对方之前，双方都不轻易展开激烈的攻势。第二回合时，双方的节奏有可能加快，由于教练的指导和对对方的了解，双方的得分信心大大增强，所以比赛会渐趋激烈。第三回合时，如果双方的分数相差不大，比赛会变得更加激烈；双方平分时，由于双方都非常谨慎，担心失分输掉比赛，节奏反而会慢下来。但在第三回合结束前的40秒左右，比赛将会变得激烈，落后一方的攻击节奏和动作节奏会大大加快，力争利用剩下的宝贵时间赶上和超过对方，争取比赛的胜利。而领先一方，也会因对方的节奏加快，而使自己的攻防节奏和动作节奏相应加快。在实际比赛中，应该根据对方的综合情况，以及自身的特点来决定不同回合的实战节奏，不能墨守成规。

2. 根据动作数量控制攻防节奏

在跆拳道比赛中，有时用单个动作攻击，有时用多个动作攻击，不断地无序变化，这样可使对方难以抓住自己的动作节奏规律。

3. 根据动作之间的时间间隔控制攻防节奏

连续攻击或反击时，变化动作之间的时间间隔，以便更好地利用空间和时间，使攻击奏效。例如，在三个动作的连续攻击中，可以快速做出第一个动作，稍停后再做后两个动作；也可以前两个动作快，稍停后再做第三个动作；还可以不停顿地连续将三个动作做完。

4. 有目的地变化攻防节奏

通过有目的地变化攻防节奏，进而达到控制对方的目的。例如，2秒发动进度、间隔8秒发动进攻、间隔10秒发动进攻等，使每次进攻前的时间间隔有所变化，让对方产生不适应。如果进攻节奏对方很不适应，那么就应该保持下去；如果感觉自己处于被动，就应该调整一下自己的实战节奏。

5. 根据战术要求和对方特点控制攻防节奏

示例一：如果选手体力好，对方体力比较差，在第一回合就应该用最快节奏与对方实战，消耗对方体力，在第二回合和第三回合利用体力优势去赢得比赛。

示例二：当对方以相同的节奏进行攻击时，可以在对方将要攻击的瞬间首先发起攻击。

在训练和比赛的实践中，教练员和运动员要不断地摸索、掌握对方的节奏变化，使用相应的节奏，进而掌握比赛的主动权。

四、空间原理

空间原理是跆拳道运动员技术应用时应该遵守的重要原理，是指在跆拳道攻防实战中，选择好攻击路线、攻击点和攻击面，提高攻击的有效性。遵守空间原理可以更有效地攻击对方，多得分，少受伤，节省体力。

空间原理的应用

（1）选择攻击部位与对方的得分部位之间没有任何阻碍的攻击路线。例如，对方攻击右侧，则从左侧攻击对方；对方从左侧攻击，则利用右侧的空间向对方反击；对方直线进攻，则向两侧躲闪，然后进攻对方得分部位。

（2）如果攻击路线受到阻碍，就变化攻击目标的位置。例如，攻击对方腹部得分部位受阻时，可以改变攻击目标，向对方头部进攻。

利用空间原理设计组合动作

（1）对方得分部位不变时，在同一路线上连续使用动作。

（2）对方得分部位有变化时，根据对方得分点的变化情况使用不同的技术，或者用相同的技术选择不同的路线。

五、判断和预测

判断和预测能力是高水平跆拳道运动员必备的重要素质。在跆拳道比赛中，优秀运动员在与对手的实战中，能够在对方行动之前感觉到并判断出对方的行动是什么、什么时候采取行动，并且能够在对方发出动作时不假思索地实施应对措施。

判断和预测的应用

根据对方的习惯动作、特长技术、战术变化特点、进攻或反击的动作预兆几个方面来预测对方的行动，进攻时往往能够先对方而动，在对方刚要发动进攻时，抢先攻击到对方；反击时则会在恰当的距离、恰当的时机不慌不忙地打击对方。优秀选手总是掌握着比赛的主动权，控制着场上的局面。水平一般的选手在实战中由于判断力差、预测能力不强，大多数情况是被动紧张、让对方牵着鼻子走。

分析比赛得知，选手采取战术行动，大致表现出以下几种情况：

（1）准确判断与预测对方的下一步行动，根据对方的情况采取行动。

（2）发现和观察到对方动作后，根据自己的迅速反应做出应答行动。

（3）对方动作完成后，才开始自己的行动。

第一种情况下，攻防行动成功率高，进攻时对方来不及恰当地防守，反击时能够及时准确地击中。选手的自信心强，情绪稳定，在比赛场上能够轻松自如地对待比赛，往往能够超水平地发挥技战术。第二种情况下，攻防的成功率决定于选手反应相对的快与慢。反应相对快的攻防成功率高，反应相对慢的攻防成功率低。这样的实战缺少章法，如果双方势均力敌，实战就属于一种"猜拳式"实战，胜负将难以预料。第三种情况下，最好的情况也不过是被击中后能够反击出来，攻防成功率较低，基本是靠撞大运取胜，胜利不会掌握在自己手里。初学者往往是第三种情况，有一定经验的选手往往是第二种情况，经验丰富的优秀选手则是第一种情况。

提高判断和预测能力的具体措施

（1）掌握跆拳道的攻防规律。

（2）了解不同选手使用技术的习惯。

（3）提高观察能力和判断能力，精细体会"空间感觉"和"时间感觉"，逐渐形成跆拳道特殊的攻防"直觉"。

（4）不断进行实战训练，有意识、有目的地进行判断和预测练习，大胆实践、果断行动，摸索选手攻防规律，逐渐提高判断和预测的成功率。

判断和预测的思维方法与内容

知己知彼，百战不殆。只有提高预测能力才能有备而战，进一步提高技战术使用的目的性和主动性。提高选手的预测能力，需要不断进行思维训练和实战训练，有目的地积累实践经验。预测能力是一种综合能力。经常进行思维训练，并养成边实战边思考、用头脑打比赛的习惯，对提高判断和预测能力会很有帮助，再加上不断的实践，运动员的技术应用能力就会不断提高。下面是实战预测应该明确的问题：

（1）对方将使用什么战术？可能出现什么样的战术变化？

（2）对方的特长技术是什么？可能使用哪些技术进行进攻、防守和反击？

（3）对方进攻与反击的征兆是什么？重心怎样移动？表情如何变化？

（4）不同的回合，对方将可能进行哪些变化？

（5）攻击发出后，对方可能采取的应对措施是后退、前进、侧移、反击，还是防守？对方可能处在什么位置？

（6）对方的下一步行动是什么？

PART 7 竞赛裁判

裁判员

一、对跆拳道裁判员的基本要求

跆拳道裁判工作是在全国范围内开展跆拳道活动和办好跆拳道竞赛的重要组成部分。跆拳道裁判员的水平高低，直接影响着运动员技战术的发挥，直接影响着比赛的结果。跆拳道裁判员对于促进跆拳道技术的发展具有重要的作用。因此，跆拳道裁判员应该做到以下几点：

（1）模范遵守裁判员守则，热爱跆拳道事业，要具有高尚的职业道德，作风正派，临场工作中能坚持原则，做到"严肃、认真、公正、准确"。

（2）精通跆拳道规则和裁判法，并能把规则的精神运用到实际比赛中，要懂得跆拳道技战术，了解当今世界跆拳道运动的发展趋势，不断进行观念和知识更新，不断提高裁判水平。

（3）加强内部团结，提高业务能力，谦虚谨慎，互相尊重，服装整洁，仪表大方。

（4）有较强的组织观念和严格的纪律性。

（5）有健康的身体。身体健康，临场中才能精神饱满，体力充沛，更好的完成任务。

（6）全力维护运动员的平等利益。

二、裁判组的组成和职责

裁判组的组成

裁判组应由以下人员组成：总裁判长、副总裁判长、临场裁判员、编排记录长、编排记录员、检录长、检录员、宣告员、电子裁判、计时员、录像员、临场医务人员等。

裁判组主要职责及要求

1. 总裁判长

全面负责竞赛中的裁判工作。

（1）赛前检查落实比赛场地、器材、护具、用品等事宜。

（2）组织裁判员学习，制定竞赛程序和工作计划，明确裁判人员的分工。

（3）主持裁判技术会议，依据规则、规程精神，负责对竞赛中疑难问题进行解释。

（4）负责组织抽签、适应场地安排、裁判员实习等事宜。

（5）竞赛中，指挥裁判组及赛场工作，执裁过程中出现争议时负责协调，并有权作出最后决定。

（6）配合仲裁委员会，处理竞赛中有争议的重大问题。

（7）发现裁判员有违反竞赛规则或严重违纪行为，有权依据有关政策法规进行处罚、审核、签署和宣布比赛成绩。

（8）做好裁判总结工作，报中国跆协裁判委员会。

2. 副总裁判长

（1）协调总裁判长做好各项工作，在总裁判长临时缺席时可代理其职责。

（2）负责处理竞赛过程中有关称重、临场执裁、检录、记录、计时、宣告中出现的问题，并及时报请总裁判长。

3. 裁判员

（1）经协会登记注册，持有裁判员资格证书及段位证书。

（2）精通《跆拳道竞赛规则》和《跆拳道裁判法》及其他有关规定，认真学习竞赛规程。

（3）尊重并服从总裁判长的指挥，有责任将竞赛中出现的问题及时上报，提出合理建议。

（4）按竞赛规则的要求进行场上执裁。

（5）裁判员不得以任何形式兼任领队、教练。

（6）不得随意向运动员及运动队传递有关的裁判内部信息。

（7）裁判员的工作有裁判组统一安排调动，本人不得提出特殊要求。

（8）严格遵守裁判员守则和赛会各项有关规定。

（9）比赛后及时做好总结工作。

（10）完成好裁判组交办的其他任务。

4. 编排记录长

（1）协调总裁判长做好赛前准备工作，负责编排记录组的工作，审查运动员报名表，参与编制秩序册。

（2）处理运动员弃权、变更，抽签组织，编排场地、场次等事宜并向裁判组通报情况。

（3）准备各种竞赛表格并发送有关裁判组。

（4）负责核实、登记并及时公布比赛成绩；将下阶段比赛秩序立即通报有关裁判组。

（5）及时将各级比赛结果经核实无误后送交裁判长。

（6）整理资料，编写成绩册，协助组委会及时印制竞赛成绩册。

5. 编排记录员

根据编排记录长的安排，完成编排记录组的工作。

6. 检录长

（1）负责检录组的各项工作，保证比赛顺利进行。

（2）根据赛程安排指挥检录员按时点名，认真检查参赛运动员着装是否符合规定。负责发放、回收护具。

（3）处理运动员弃权问题，及时通报有关裁判组。

（4）协作大会做好开幕式、发奖闭幕式等项工作。

7. 检录员

根据检录长的安排，完成检录组的工作。

8. 播告员

（1）熟悉跆拳道竞赛规则及跆拳道运动知识，具有一定语言表达能力。适时介绍跆拳道比赛基本知识及竞赛特点，适当介绍运动员及运动队基本情况。

（2）介绍赛会概况，宣布竞赛开始、结束、级别场次，介绍临场裁判、双方运动员。

竞赛种类和程序

一、竞赛种类

竞赛可分为锦标赛、冠军赛，段位赛、精英赛、大奖赛、巡回赛、邀请赛、对抗赛、擂台赛等以及俱乐部、道馆学校之间的各类形式不同的比赛。竞赛规模根据各种情况可以是国际的、全国、省际以及队际之间的，但原则上应符合竞赛规则要求。跆拳道竞赛主要分团体赛和个人赛，通常采用单败淘汰赛制或循环赛制。

二、竞赛程序

根据竞赛的性质、规模、条件的不同，组织者进行合理、科学、系统的竞赛组织工作，力求做到高效、简练、易于操作。以下为基本竞赛程序范例：

（1）确定比赛性质、规模、时间、地点等。

（2）制定竞赛规程。

（3）向参赛队发通知或邀请函。

（4）报名（一式两份，至主办和承办单位）。

（5）安排赛程，编排秩序册。

（6）落实场地、器材等，做好赛前准备工作。

（7）选派裁判员，并安排赛前培训。

（8）参赛队报到。

（9）组织召开联席会议，通知有关事宜。

（10）安排组织抽签。

（11）安排各队赛前训练、裁判实习。

（12）编排比赛场次，安排场地。

（13）必要时，适时举行开幕式、入场式。

（14）按赛程进入比赛阶段：

①称量体重。

②每场比赛具体程序按规则要求进行。

③记录并公布比赛成绩。

4. 产生下一轮比赛秩序。

（15）计分和录取名次。

（16）闭幕式及颁奖仪式。

（17）裁判工作总结。

（18）印制发放竞赛成绩册。

（19）参赛队及裁判离会。

三、记分与录取

（一）世锦赛、世界杯及亚锦赛计分方法

（1）前三名分别奖励金、银、铜牌。

（2）称体重合格者计 1 分。

（3）每获胜一场计 1 分。

（4）获得金牌计 7 分。

（5）获得银牌计 3 分。

（6）获得铜牌计 1 分。

根据参赛人数、技术水平、经费条件等可自行制定奖励办法。

（二）全国锦标赛和全运会等录取和奖励办法

（1）参赛人数少于 4 人，此级别取消比赛。

（2）参赛人数少于 6 人录取前两名。

（3）参赛人数少于 8 人录取前 4 名。

（4）参赛人数 8 人以上录取前 6 名或前 8 名。

（5）前三名分别奖励金、银、铜牌。

（6）奖励团体前 3 名，录取前 6 名时：第一名计 7 分、第二名计 5 分、并列第三名各记分 3.5 分、并列第五名各计 1.5 分。录取前 8 名时：第一名计 9 分、第二名计 7 分、并列第三名各记分 5.5 分、并列第五名各计 2.5 分。

四、关于名次的判定原则

1. 获胜场次多者名次列前。

2. 若获胜场数相同，则按失利场的比赛情况判定，依次为：

（1）平分败，若同为平分，则：①比分高者列前；②净得分多者列前；③扣分少者列前；④抽签。

（2）比分败，若同为比分败，则：①分差少者列前；②得分多者列前；③失分少者列前；④净得分多者列前；⑤扣分少者列前；⑥抽签。

（3）裁判员终止比赛，若均为此种情况，则：①受伤；②实力悬殊；③比赛时间长者列前。

（4）弃权，若均为弃权，则比赛时间长者列前。

（5）犯规败，若均为此种情况，则比赛时间长者列前。

（6）K.O败，若均为K.O败，则比赛时间长者列前。

（7）失格胜。

注：若因故意或严重不道德行为被取消比赛资格，除取消已获奖牌、名次外，还将由大会组委会研究处以全国通报，停赛一年或终身停赛。

临场裁判员执裁方法

一、裁判员工作步骤

赛前

裁判员要认真学习竞赛规则、规程和裁判法熟悉竞赛程序；认真准备比赛场地、设备、表格、用具、服装等；在身体和心理上做好准备。

赛中

裁判员各就其位，各司其职，在比赛期间高度集中注意力，排除一切外界干扰，全力保证比赛公正顺利的进行。

赛后

每场、每节比赛及整个竞赛结束后及时总结经验教训，不断提高执裁水平。赛事活动结束后，写出裁判工作书面总结，上交有关部门。

二、临场裁判员安排

根据竞赛规模、参赛人数、场地和日程安排，进行裁判员分组。每块场地每一节比赛一般安排 2～3 组裁判。每个组为 4 人，轮流担任主裁判和副裁判，并可指定一名小组长。决赛或重要场次，一般应由裁判长指定临场主裁判，同时应注意回避原则。

三、裁判员进场与退场

进场

每节或每场比赛开始前，临场裁判组按位置顺序列队入场，要求按规定着装，步伐整齐，精神面貌好。到达各自位置后，听主裁判口令，相互行礼，各就其位。主、副裁判轮换时，主裁判行至副裁判面前，行礼后换位。

退场

临场裁判员全体起立，互相行礼，顺序列队退场。

四、主裁判执裁原则与步骤

基本任务

（1）通过具体实施和执行规则，控制整个比赛场面，保证比赛公平、公正的进行。

（2）保护运动员的安全。

（3）通过果断合理运用规则和公正准确执法，引导运动员发挥出技术水平。

基本要求

1. 思想素质

（1）政治觉悟高，思想素质好，组织观念强。

（2）了解跆拳道传统精神和作为竞技体育的价值。

（3） 全面的体育修养。

（4） 理解运动员的比赛心理。

（5） 有较强的责任心和正义感。

2. 执裁经验

（1） 有过裁判员或运动员经历。

（2） 不断了解新的技术及其发展趋势。

（3） 理解规则条文和精神。

3. 心理品质

（1） 敏锐的洞察力和果断的判断力。

（2） 高度集中的注意力。

（3） 情绪控制能力。

4. 身体健康

（1） 保持强健的体魄。

（2） 步法灵活，移动迅速。

（3） 视力良好。

（4） 表达准确、清晰、及时。

5. 职业道德

（1） 礼始礼终。

（2） 团结协作。

（3） 遵守时间。

（4） 仪表整洁。

6. 紧急情况的处理和救护

（1） 准确判断受伤程度。

（2） 掌握基本急救措施和手段。

基本能力

1. 操作能力

（1） 实际手势操作。

（2） 控制比赛。

2. 判断能力

（1）判断犯规。

（2）判定优势。

（3）比赛出现紧急情况的即刻判断和应变能力。

3. 分析能力

（1）分析比赛。

（2）引导比赛。

4. 综合能力

（1）引导实现理想化竞赛。

（2）赋予和表现出跆拳道的文化内涵，开创新的竞赛文化。

四、一般执裁步骤

上场前的准备

（1）热身活动。

（2）检查着装，仪表整洁，不得携带可能对选手有伤害的物品（手表、金属物等）。

（3）集中注意力，排除干扰。

进入场地

（1）精神饱满，自然大方，不卑不亢。

（2）观察双方运动员和教练员及裁判员等是否就位，服装是否符合规则要求。

（3）发出口令、手势指挥运动员双方上场。

（4）口令与手势要求：

①严格按竞赛规则的要求使用口令和手势。

②及时、准确、清晰地表达自己的判断（但不能夸张），口令要响亮、果断，动作要敏捷、干脆，应避免与运动员有身体接触。

③尽量减少比赛的中断，不要作不必要的、多余的手势。

④发布口令或做手势时要威严自信，表情自然。

（5）站位与移动：

①主裁判与两名运动员应保持锐角三角形的位置关系，以便观察与判断并及时控制比赛。

②根据级别、身高等情况与运动员保持一定距离，注意不能离运动员太近或过远，以不影响运动员正常发挥水平为原则。

③根据场上情况不断移动位置，移动时要迅速敏捷，步法灵活。

④不允许从正在比赛的双方运动员中间穿行。

五、主裁判对犯规判罚的指导原则

根据制定规则总的精神，主裁判在执裁过程中的根本任务有三条，即：倡导公平竞争的比赛、保护运动员的安全、保证运动员技术水平的发挥和比赛顺利进行。主裁判的任何判罚都应遵守这个精神，而不应拘泥于刻板地、机械地执行规则条款。规则在讨论、制定、修改的过程中，充分地考虑了各种可能出现的情况、双方运动员的利益以及维护比赛的公平性、严肃性。因此，主裁判还应从以下几个方面的情况作出合理的判罚：

有意无意

根据规则的精神，原则上对有意或故意的犯规给予较重的判罚，对无意或不可预料的犯规给予较轻的判罚。通常情况下，对故意的犯规行为给予相对较重的判罚。但有时犯规是无意或不可避免的，一方运动员出腿进攻躯干，而与此同时，另一方使用腾空技术，使下肢、裆部处于原先躯干的高度或位置，造成进攻方运动员犯规。这种犯规纯属无意和不可预料，主裁判应根据情况给予较轻的判罚或不予判罚。

有先有后

运动员在比赛的全过程中，无论是正常的发挥技术或出现犯规，都存在着严格的时间概念。例如攻击行为中的拳击头部，一方运动员出拳攻击躯干部位，另一方运动员下蹲躲避进攻，造成拳击部位不准，击中头部。这种情况属合理进攻在先，犯规结果在后，双方运动员对此犯规都应负部分责任，主裁判应根据造成的后果给予相应的处罚。再如攻击行为中"分开后继续攻击对方"一条，主裁判应准确判断攻击动作是在分开口令之前，还是之后，或是同时，责任方是谁，是运动员没有听清口令，是由于技术动作的惯性，还是无意或故意攻击。主裁判应准确判断具体情况，根据规则精神作出合理判决。

有主有次

有时出现的双方犯规，有主次或主动被动的情况，主裁判应分清主次，判罚引起犯规的主要责任方。如接触行为中的抓、推、抱行为，一方运动员在接触中推对方，另一方为了不被推开，反射性地抓住对方的某一部位或道服、护具，造成双方都有犯规行为。在此情况中，有矛盾及责任的主要方面和次要方面，应对引起犯规的主动方给予处罚，则被动的一方给予较轻或不予处罚。

有轻有重

根据受伤的程度衡量判罚尺度。例如头部受伤的判罚，应充分考虑有意无意、有先有后、有轻有重等各方面综合情况，做出公正、合理、恰当的判罚。

有利无利

主裁判的判罚应针对犯规一方，有利于公平的竞争，有利于运动员技术发挥，有利于比赛顺利进行。例如对边界问题的判罚，有的运动员为消极对待比赛，有意将比赛置于警戒线附近，让自己一旦完成进攻就处于出界位置，等待裁判喊停，等待有利于自己的局面。主裁判应清楚地了解双方运动员的比赛心理，维护比赛的公平竞争，该判的判，不该判的坚决不判，不让不合理的局面出现。

"黑白"分明

裁判对犯规行为应坚决地按规则规定执行，如不判犯规，就说明犯规程度不够处罚标准。主裁判不应出现莫名其妙、模棱两可的提醒或判罚。

六、击倒后的处理

1. 立即暂停比赛，将运动员分开并将进攻者置于远处。

2. 读秒：

（1）手势、口令清晰，根据情况可采用站立或半蹲姿势。

（2）兼顾全场及另一名运动员。

（3）即使运动员在读秒过程中表示再战，主裁判也必须读到"8"，使运动员获得休息。

（4）读到8之前要作出结束或继续比赛的判断，如发现运动员目光呆滞，神志不清，膝盖抖动或发软，不能保持身体平衡等情况，应结束比赛。

（5）必要时及时指挥临场医生进场急救。

（6）即使一局或整场比赛时间到，主裁判也要继续读秒。

（7）如双方运动员同时被击倒，应在两人中间读秒，并注意双方运动员的情况，如有任何一方不能继续比赛，可以不读秒或在读秒过程中直接判另一方获胜并指挥抢救。

七、获胜方式

击倒胜（KO胜）

一方运动员用合理的技术击倒另一方而结束比赛。

主裁判终止比赛胜（RSC胜）

根据主裁判判断或医生诊断一方运动员在计时一分钟甚至一分钟后难以继续比赛，或不服从主裁判继续比赛的命令时，可判RSC胜。

比分或优势胜（判定胜）

（1）不同分时，分数领先者胜。

（2）同分时，因扣分造成同分时，三局中得分多者获胜；除第一种情况外出现同分，即双方得分和（或）扣分相同时，主裁判根据三局的比赛情况判定占优者获胜；

（3）比赛中表现出的积极主动行为是优势判定的依据。

（4）对方弃权胜（弃权胜）：一方因故主动提出放弃比赛或在规定时间未到场，另一方则弃权胜。

（5）对方失去资格胜（失格胜）：如称重不合格或其他参赛资格不符合规定，另一方则失格胜。

（6）主裁判判罚犯规胜（犯规胜）：如被扣分累计达 3 分（－3）判犯规胜。

八、局间休息与退场

主裁判局间休息时应站在指定位置（第一副裁判对面的警戒线中心点）面向比赛场地站立，要求严肃自然，目光平视。

判比赛结果并审验记录表，签名确认后方可退场。

九、副裁判执裁原则与步骤

计分原则

1. 即刻决策的原则（1 秒钟原则）

裁判员应当在产生效果时（1 秒钟内）马上作出判断，针对技术动作即时进行采分，而不应针对一串动作的总体情况来推迟打分，即不能进行"总结性"计分。

2. 独立判断的原则

裁判员必须以自己的判断来计分，不能受到别的裁判员计分及其他因素的影响。

3. 不更改判定的原则

一旦作出判定，即使存在错误，裁判员也不能更改。合法地更改判定的途径是通过仲裁。

4. 误判的不补偿原则

如果裁判员认识到计分有所失误时，不应企图补偿而对另一方无故判罚或以微不足道的理由判罚，否则就犯了第二次类似错误。

有效得分的计分

1. 有效得分的概念

有效得分是指用规则允许的技术准确有力地击中得分部位的技术动作给予得分。精确地定义一个有效得分的困难在于缺乏对技术动作结果的客观衡量。因而，裁判员必须对得分技术有清楚的个人体验，这一体验有应当与规则及其他裁判员的体验一致。竞赛规则第 12 条第 2 款认为得分技术动作的原则是准确有力的击打，并使用允许的技术作出准确击打而没有遇到阻碍或格挡。有力击打是明显的有力度和速度的击打。裁判员判断得分技术动作时应注意两个问题：一是在计分时使用的标准过于严格、狭窄；二是对动作或受击打的区域缺乏灵活性。

2. 计分标准分析

（1）得分标准的分析：

规则中关于得分有准确性和力度两个方面的标准。准确性按精确程度分为：准确接触、部分接触、过度延伸接触、阻碍性接触。力度是指打在对手身体上的力量大小。力度有两个方面的基本要素：所使用技术动作的速度和力量。事实上，凡有力击打使对手突然产生明显或不明显位移，这种干脆有力地击中有效得分部位攻击均可视为强有力的击打。按力度大小的程度分为：强有力接触、轻接触、推击接触、最低限度接触（擦过性击打）。

（2）情况分析：

准确性：准确接触（90% 以上）、大部分接触（50% 以上）、小部分接触（50% 以下）。

力度：重心产生突然位移、接触的声音响亮程度、接触时技术发挥的情况（对手重心的位移量度和技术动作的速度）。

部位：头部：准确接触（得分）、不准确但明显有力（得分）。躯干：准确有力的接触得分部位（得分）、得分部位之外的允许攻击部位。

基本技术：达到准确性和力度要求时，以下情况可得分：脚背击打、脚跟击打、后旋踢击打、拳击打、同时击打、连续击打、擦过头部的击打。

击打得分部位之外的允许攻击部位，以下情况可得分：被打倒、被暂时击昏，失去继续比赛的能力、被击倒并落地很重。

特殊得分情况：同时连续击打、连续击打、快速变换击打、不常见的击打、经常性重击。

3. 一般工作步骤

（1）按指定位置就位：分为第一、二、三副裁判。

（2）按照规则要求，贯彻规则规程及裁判组的计分原则和精神，在每一局比赛进行计分。

（3）在总裁判及仲裁委员会询问时说明自己的意见。

（4）认真及时地进行自我总结，提高执裁水平。

十、裁判员的变更和处罚

1. 总裁判长有权指挥和调动裁判员，变更或重新安排裁判员的工作。

2. 裁判员应自觉遵守裁判员守则，服从裁判组的指挥。如有下列行为，将受到处罚：

（1）不公正执法，有意偏袒或损害一方运动员。

（2）有明显的错判、误判和反判。

（3）不听从裁判组的指挥。

（4）不遵守有关比赛纪律、秩序。

（5）无故不参加裁判会议。

（6）不按规定着装或着装不整。

3. 处罚

（1）口头警告，批评教育。

（2）取消其本场裁判资格。

（3）在一段时间内停止其参加跑拳道裁判工作的资格。

（4）终身禁止其担任跑拳道裁判员。

竞赛表格及器材

一、跑拳道竞赛报名表

表1　跑拳道竞赛报名表

单位：　　　　　　　领队：　　　　　　　教练：

联系人：　　　　　　电话：　　　　　　　传真：

通信地址：　　　　　邮编：

序号	级别	姓名	出生年月	段位	注册号	备注

盖　　章

年　　月　　日

由主办单位发出比赛通知，内容包括比赛名称、时间、地点、所设项目、级别、年龄、段位限制及其他要求。参加单位接到通知后在规定时间将报名表一式两份送主办单位和承办单位。

二、更换运动员申请表

表 2　更换运动员申请表

单位：　　　　　　领队：　　　　　　教练：

级别	原报名运动员	更换运动员	更换原因

总裁判长签字：

参赛运动员报名后，一般不允许更换或改动，如有特殊情况须在抽签之前填写此申请表并缴纳相应费用，经总裁判长签字认可后生效。

三、运动员抽签登记表

表 3　运动员抽签登记表

级别：

姓名	单位	签号	备注

记录长签字：

由裁判组监督，抽签结束后，编排记录长将抽签结果进行登记，以便形成对阵表。

四、比赛记录表

表 4　比赛记录表

日期（Date）：

体重级别（Weight Div）：　　　　比赛场次（Match No.）：

青方（Chung）			局数 （Hoejeom）	红方（Hong）		
警告 （Kyonggo）	扣分 （Gamjeom）	得分 （Deukjom）		得分 （Deukjom）	扣分 （Gamjeom）	警告 （Kyonggo）
			1			
			2			
			3			
			总分 （Total）			
			胜负 （Result）			

K. O 胜	R. S. C 胜	判定胜	弃权胜	失格胜	犯规胜

签字（Referee's Name）：

　　记录员填写比赛的级别、场次，根据副裁判的计分情况（电子记分或计分表）记录每局的双方得分、扣分、警告和确定获胜方等，主裁判签字后交记录组进行成绩统计。

五、副裁判记录表

表 5　副裁判记分表

日期（Date）：

体重级别（Weight Div）：　　　　　　比赛场次（Match No.）：

青方（Chung）			红方（Hong）	
扣分 （Gamjeom）	得分 （Deukjom）	局数 （Hoejeom）	得分 （Deukjom）	扣分 （Gamjeom）
		1		
		2		
		3		
		总分 （Total）		
		胜负 （Result）		

裁判签字（Judge's Name）：　　　　　　　　位置（Position）：

在不具备电子记分设备时，每个副裁判均用计分表进行记录，比赛结束后将计分表交记录员记录比赛结果。

六、申诉申请表

表 6　申诉表

单位		领队		教练	
申诉内容：					

　　　　　　　　　　　　　　　　　　　　　　　年　　　月　　　日

如果参赛队伍对比赛判定有异议时，须在本场比赛结束后 10 分钟内填写申诉表（领队、教练签字），提交仲裁委员会，并按照规定交纳申诉费用。

七、竞赛所需器材和物品

主要器材

（1）比赛垫子：10×10 平方米，经中国跆协认可，具有一定厚度和弹性。

（2）护具：分青红两色的头盔和护身，号码齐全，数量能满足场上及场下检录运动员的需要。

（3）桌椅：供仲裁委员会、总裁判长、临场裁判、记录组、检录组及播告席、医务席使用。

（4）体重秤：标准的相同型号的体重秤四台，在男、女称重室内、外各一台，并作好备用准备。

（5）电子计时计分牌：须经中国跆协监制。如不具备条件，可采用手工方式代替，即计时员用秒表计时，副裁判用计分表手工计分，手翻牌报告成绩。

（6）复印机或速印机：供编排记录组印发对阵表、成绩册等。

（7）计算机和打印机：用于秩序编排和比赛成绩处理，产生对阵表和成绩公告及打印各种竞赛表格等。

（8）摄像机。每块场地一台，提供仲裁录像。

其他物品

临场裁判组：文件夹、圆珠笔、铅笔、橡皮、哨子、秒表、水桶、毛巾等。

编排记录组：文件夹、圆珠笔、铅笔、橡皮、直尺、毛笔、墨水、复印纸、复写纸、白报纸、彩笔、双面胶、裁纸刀、公文袋、计算器及抽签用具。

检录组：手提喇叭、文件夹、圆珠笔、铅笔、橡皮、小黑板、粉笔、板擦、指甲刀、胶布等。

播告员：麦克风、纸、笔、笔记本等。

PART 8 赛事组织

国际跆拳道联盟 （ITF）

国际跆拳道联盟（International Taekwondo Federation，ITF），由崔泓熙将军亲手创立，套路名称为特尔，一共 24 套，从天地到统一，象征一天的 24 个小时，各特尔名称取近五千年来朝鲜历史上从未侵略过他国的杰出历史人物和民族英雄；技术方面强调对肢体的控制和发力。对打技术允许使用拳，但不可以用拳爆头；比赛时选手戴拳套脚套以保护对方减少伤害。ITF 比赛分为特尔、对打、特技、威力四大部分。目前世界上 ITF 跆拳道发展最好的国家是朝鲜。国际跆拳道联盟正在以惊人的速度向全世界发展。现已成为全世界 8000 万学员的最受欢迎的健身运动。

1955 年 4 月 11 日，由韩国各界著名人士组成的名称制定委员会，包括崔泓熙少将（韩国第三军管区司令员）、李享根陆军大将（国军联合参谋总长）、国会副议长、国会议员、著名企业家、著名武馆馆长等提出了各自的名称。通过无记名的投票，一致通过了崔泓熙将军提出的"跆拳"二字。由此，产生了跆拳道。从此，结束了唐手、空手及各种韩国古典武道等名称混杂的局面，韩国的武道开创了新世界，跆拳道开始了它的历史创造。当年无疑是崔泓熙将军有生以来最有意义的一年。

崔将军幼年时，跟随韩国的著名书法家在学习书法的同时，掌握了韩国的古典武道。青年时期留学日本，不仅完成了学业，还学了空手道，获得了二段。1945年8月15日随着朝鲜半岛的解放，崔将军在首尔与其他人组织和创建了韩国军队。同时他开始了新的武道研究，即今日的跆拳道。经过他的潜心研究和不断地实践，尤其是在韩国军队中的教授和普及，使他有机会反复实践，反复完善。在跆拳道命名之前，基本上完成了今日的跆拳道。

1959年3月，韩国民族的武技跆拳道第一次走出国门，向国外介绍了跆拳道。跆拳道创始人崔泓熙将军率领韩国军队中最优秀的19名成员，以国军跆拳道代表团访问了越南和台湾。

1959年9月3日成立了他多年希望的大韩跆拳道协会，并就任了会长。

1960年崔将军在美国导弹学校学习期间也热心传授跆拳道，并劝他的弟子Jhoon Rhee在美国教授跆拳道。日后，Jhoon Rhee被公认是在美国大陆传播跆拳道的第一人。

1961年身为韩国第六军军团长的崔将军不仅在韩国师团内，而且在管辖内的美军第七师团内掀起了跆拳道的热潮。这一年，朴正熙将军等少壮派发动了军事政变。

1962年崔将军被任命为第一任驻马来西亚的大使。在这期间，崔泓熙大使往来于东南亚各国传播了跆拳道。他所作的努力，为日后在这些国家成立跆拳道协会打下了坚实的基础。

1963年马来西亚首相邀请了韩国跆拳道代表团，并在马来西亚国庆节表演了跆拳道。

1966年3月22日，由韩国、越南、马来西亚、新加坡、德国、美国、土耳其、意大利、埃及的九个协会在汉城正式成立了国际跆拳道联盟。崔泓熙将军被选为总裁。为了普及跆拳道，崔将军珍惜一分一秒的时间，奔忙于世界各地把全部精力和心血投入了跆拳道的普及事业。

1972 年由于朴正熙总统的迫害，崔泓熙将军不得不离开韩国流亡加拿大。朴正熙总统为了抵抗国际跆拳道联盟的发展，1973 年成立了世界跆拳道联盟，并任命金云龙为总裁。一方面朴正熙总统命令情报部门不择手段地打击和迫害崔将军，另一方面用各种职位和荣华来引诱崔将军。但是，他们的打击和引诱没有征服崔将军的意志。

1980 年，跆拳道开始被介绍到朝鲜民主主义人民共和国。

1985 年，国际跆拳道联盟总部由加拿大多伦多迁往奥地利首都维也纳。

1988 年跆拳道在首尔奥运会亮相。

2002 年 6 月 15 日，跆拳道创始人及国际跆拳道联盟第一任总裁崔泓熙将军去世。

2002 年 9 月 22 日，国际奥委会委员张雄教授当选为国际跆拳道联盟总裁。

至今，跆拳道已成为世界上最普及的武道。国际跆拳道联盟作为不依赖任何政府的独立的民间组织，在崔泓熙总裁和世界各国的广大跆拳道爱好者的不断地努力下，它已发展成具有 140 多个会员国的国际组织。尽管韩国政府为了抵抗国际跆拳道联盟的发展，1973 年成立了世界跆拳道联盟，并用外交手段不断施压和破坏国际跆拳道联盟的发展。自从 1980 年崔总裁率领国际跆拳道联盟代表团访问朝鲜之后，韩国政府硬说国际跆拳道联盟是朝鲜的体育机构，并以反共的借口诬蔑和打击国际跆拳道联盟。但是，这种压力不但没有击垮国际跆拳道联盟，反而为国际跆拳道联盟提供了一个舞台，充分展示了什么是忍耐，什么是百折不屈的精神。

跆拳道有基本动作 3200 个左右，包括立法、足技和手技等。这么多动作要逐一记忆是有难度的，特尔正是将这些动作连续而流畅地结合在一起。

特尔的动作是假设遇敌，并且面对各方向攻守，练习特尔也是提高实战技巧，同时也增强动作连贯性，攻防得体，调节呼吸、波动和节奏感以及熟练的基本动作。因此，练习特尔能学到各种各样的实战技术动作。通过学习连续自然的基本动作，能够提高动作的柔韧性。特尔的基本动作是面对所有方向的对手进行的攻击和防卫，所以能使身体的方向转换更加机敏，还能培养平衡感觉。

特尔一共24套，象征着一天的时光。每个套路名称都有各自的含义。跆拳道共分十级九段，套路难度也是相应由浅入深，第一套名为天地，象征万物开创，忠武之后为黑带套路，最后一套名为统一。

世界跆拳道联合会（WTF）

世界跆拳道联合会的创始人是金云龙（Kim Un Yong），他曾在韩国和美国数所大学学习，担任过驻外参赞，1968年任总统警卫局副局长。1971年，金云龙担任韩国跆拳道协会会长，1972年，研究和发展跆拳道的中心——国技院在汉城建立。由于崔泓熙的流亡，韩国政府需要建立一个新的以韩国为中心的跆拳道国际组织。

1973年，世界跆拳道联合会年在汉城成立，金云龙担任主席。金云龙曾是汉城奥运会的直接领导者，并曾任韩国体育协会会长、韩国奥委会主席、国际单项体育联合会总会（GAISF）主席和国际奥委会副主席等国内和国际体育组织的重要职务。他虽然精通跆拳道，但首先是一个政治家和外交家。原国际奥委会主席萨马兰奇曾称赞金云龙的"沉着镇定和外交手腕"。在他的领导下，WTF的跆拳道迅速在世界上普及，WTF在1975年成为国际体育联合会总会成员，并于1980年获得国际奥委会承认。1988年汉城奥运会，WTF跆拳道成为表演项目，2000年悉尼奥运会开始成为正式比赛项目。

世界跆拳道联合会的最高权力机构是代表大会，每两年一次。在代表大会闭会期间，由执行理事会行使权力。该组织设有技术委员会、财政委员会、医务委员会、公众信息委员会、妇女委员会、学校委员会、法律委员会、运动员委员会、裁判员委员会、大众体育委员会和青少年委员会等专门委员会，还有协助主席工作的咨询理事会。

世界跆拳道联合会主办的活动主要有世界跆拳道锦标赛、女子世界跆拳道锦标赛、世界青年跆拳道锦标赛、世界少年跆拳道锦标赛、世界跆拳道表演（Poomsae）锦标赛、地区性跆拳道锦标赛、世界大学生跆拳道锦标赛、世界军人国际跆拳道锦标赛。

2003 年，金云龙因为经济犯罪受到起诉，并因此在 2004 年辞去 WTF 主席职务，韩国人赵正源（Choue Chung Won）担任新一届主席。WTF 总部一直在汉城，目前共有成员国（地区）177 个。

跆拳道竞赛的组织安排

一、制定竞赛规程

竞赛规程是跆拳道竞赛工作的指导性文件。规程内容要周全，语言明确，文字简洁，便于理解和执行。

跆拳道竞赛规程一般包括以下几项：①竞赛名称；②竞赛日期；③竞赛地点；④参加单位；⑤参加级别；⑥参加办法；⑦竞赛办法；⑧录取名次；⑨奖励办法；⑩报名时间及办法。根据竞赛性质和规模的大小等实际情况，可以有所增减。

二、建立竞赛组织机构

办公室（秘书处）

办公室（秘书处）领导所属各组进行如下工作：

（1）制定和落实大会各项活动日程。

（2）安排召开领队、教练员、裁判员会议等，组织学习有关竞赛方面的文件。

（3）负责参赛人员的接送、住宿、饮食、交通、票务等后勤保障工作的落实。

（4）负责竞赛的广告宣传、报道和体育道德风尚奖的评选工作。

（5）负责竞赛奖品、奖状和纪念品的发放工作。

（6）负责经费的筹措、计划、财务管理工作。

（7）负责大会期间的安全保卫及运动员的救护工作。

竞赛处

竞赛处领导的所属各组主要进行以下各项工作：

（1）编印大会秩序册和竞赛日程表。

（2）组织裁判员学习竞赛规程和规则，落实裁判员的工作。

（3）打印竞赛顺序表和比赛成绩，印发成绩册。

（4）落实和检查竞赛场地、器材、护具及其他竞赛设备。

（5）检查裁判用具、设备及人员的落实情况。

（6）当遇到特殊情况需要更改比赛场次和时间时，负责及时通知各参赛队的领队、教练员、裁判组及有关部门。

三、组织裁判队伍

裁判队伍一般由主办单位确定和调派。不足的成员和辅助裁判的工作人员可由承办部门选派人员来补充。

担任裁判工作的人员除了有相应的裁判等级外，还应具备以下条件：

（1）具有良好的职业道德，作风正派。

（2）精通裁判业务，严格执行裁判规则。

（3）经常研究跆拳道技术，关心跆拳道的发展。

（4）身体健康，精力充沛。

四、跆拳道竞赛的编排

编排步骤

1. 熟悉竞赛规程

竞赛规程是进行编排的基本依据。要熟悉竞赛日程、日期、办法和参赛人数、级别及有关竞赛的规定，以确定编排的基本方案。

2. 审查、统计人数

主要审查各单位的报名单，统计各队参加比赛的人数（男女分别统计）和各级别的人数（男女分别统计），抄写抽签顺序表和体重称量表。

3. 绘制日程表

注意非竞赛场次的活动内容及时间不要列入表中。规定竞赛办法的比赛轮次表，并标明运动员的序号和已经轮空的位置。

4. 称量体重和抽签

在大会的统一安排下称量体重，记录每位参赛队员的实际体重。在总裁判长的监督下现场抽签。采用第一次的抽签号码为正式抽签的顺序编号，这样可以更加公正地抽签，确定比赛的对手。

5. 编排对阵轮次表

把各级别的运动员姓名按抽签号码填入各自相应的对阵轮次表上，并抄写在跆拳道比赛成绩的公告栏内，让队员了解自己的对手和比赛的具体安排。

6. 安排竞赛场次

根据参赛队员的实际情况和竞赛日程，统筹安排竞赛的场次和出场参赛的队数，并确定各级别的参赛时间。把编排确定的场数及参赛队数表提前张贴，并印发给各参赛队。在竞赛过程中，每一场比赛结束后的 10 分钟内，必须公告下一场参赛运动员的对阵表，以免延误比赛。

编排方法

1. 单循环赛

指所有参加同一级别比赛的队员都轮空相遇一次，最后根据每名队员胜负场次的积分来确定名次。

（1）轮次和场次的计算

参加比赛的队员都比赛一场（包括轮空）则为"一轮"。计算轮次的方法为：

参加比赛的人数为偶数时，轮次＝人数－1。如8人参加单循环赛，则轮次为8－1＝7轮。

参赛人数为奇数时，轮次＝人数。如7人参加单循环赛，则轮次为7轮。

（2）比赛顺序编排

用阿拉伯数字等量地将参赛人数分为左右两列。左列由上往下排，右列由下往上排。然后用横线将相对的两个数连接。参赛人数为奇数时，可用"0"占位，与它相对的队员轮空。从第二轮编排开始，1号位固定不变，其他位数按逆时针方向轮转一个位置，即可排出下一轮的比赛顺序。

如4人参赛，则编排顺序为：

第一轮	第二轮	第三轮
1～4	1～3	1～2
2～3	4～2	3～4

如3人参赛，则编排顺序为：

第一轮	第二轮	第三轮
1～0	1～3	1～2
2～3	0～2	3～0

编排出轮次表后，按参赛人数，制作与人数相等的签号。抽签后，将各队抽到的签号在轮次表中找到相应的位置，把队员的名字填上，即可排出竞赛日程表。

2. 单淘汰赛

队员按编排的比赛秩序进行比赛，胜者进入下一轮，败者被淘汰。整个比赛最后一场的胜者为冠军，负者为亚军。

（1）号码位置数的选择

采用单淘汰赛时，应根据参赛人数，选择最接近的较大的2的乘方数作为号码位置数，即 2^n。常用的号码位置有：$2^3 = 8$，$2^4 = 16$，$2^5 = 32$。

（2）轮数和场次的计算

计算轮数：单淘汰赛所选用的号码位置数（2的乘方），其指数即为轮数，即2的n次方就是n轮。

如8个号码位置等于 2^3，即3轮。

若8人参赛，则8个号码位置等于 2^3，故比赛轮次为3轮（图8-1）。

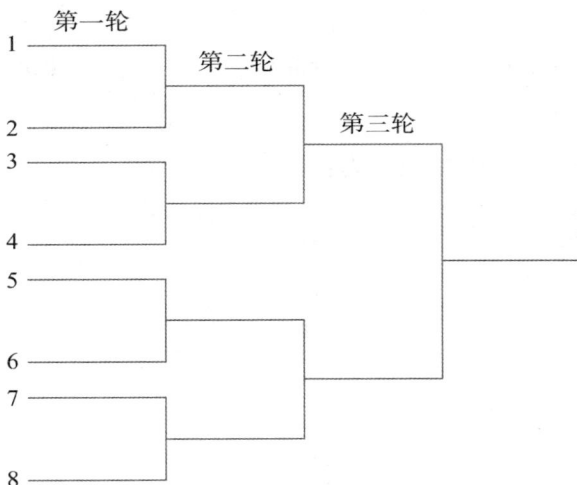

图 8-1

计算场次：在单淘汰赛中，每进行一场比赛就淘汰一名队员，最后剩下的是冠军。所以，实际比赛的场数应为参赛的人数减去冠军未被淘汰的一场。

计算公式为：场次 = 人数 − 1

如 16 人参赛，最后剩一名冠军，则比赛场数为 16 − 1 = 15 场。

若 13 个队参赛（最接近 16），则共打 12 场比赛，比赛轮次为 4 轮。其中 2、5、10 为空号码位置，通过抽签确定其他号码的位置。比赛顺序如（图 8 − 2）所示。

（○为轮空位置号码）

图 8 − 2

（3）附加赛：单淘汰赛确定冠、亚军，其他名次均为并列名次。用附加赛的办法可以排定各个名次。附加赛是每一轮的胜者与胜者、负者与负者之间进行比赛，直到排出所有名次为止。

编排中的注意事项

跆拳道竞赛编排是裁判工作的一个重要环节，因此，要做到周密细致，合理有序，既要保证队员在公平竞争的条件下发挥其应有的技术水平，又要兼顾整个比赛裁判组的劳逸结合。在条件允许的情况下，要尽可能缩短赛程，保证整个比赛的顺利进行。

（1）根据竞赛规程中的有关规定和报名单，计算竞赛的实际天数是否与大会的时间吻合。若有出入，应及时协调解决。

（2）同一级别、同一轮次的比赛尽量在同一单元进行。

（3）一名队员一天最多安排两次比赛。

（4）同一单元的比赛由体重轻的级别开始。

（5）一个单元的比赛。一般安排 15～22 场。

PART 9 礼仪规范

跆拳道精神

一、礼仪

这是人类要遵守的最高规范，是教化人类的手段。而且，又是很多圣人君子为了搞好集体生活而定下的不成文的法规。因此，所有跆拳道学员至少要为遵守以下礼仪范畴中几项最低限度的要求，尽自己最大的努力。

（1）高昂相互谅解的精神。

（2）对于诽谤或侮辱他人的恶习应感到羞耻。

（3）谦虚、互相尊重人格。

（4）提倡人道主义和正义感。

（5）师范与学员、前辈与晚辈的关系应明确。

（6）处事要符合礼仪。

（7）尊重他人的所有物。

（8）不论问题的大小，坚持公平原则，慎重处理。

（9）不送不收心中含糊的礼物。

二、廉耻

要学会分辨是非。如果做错了事，在良心上不管是对三岁孩童还是任何平凡之人都应自觉惭愧，无地自容。例如：

（1）不顾没有传授实力，行为上俨然像有权威的示范，实际上却诱导善良学员走向歧途而不觉羞耻。

（2）示范时为了炫耀威力，把裂开的松板粘合，或预制有裂纹的砖头将其击破，还厚颜无耻地面向观众或学员。

（3）过分奢侈装饰道场或以假奖状、假奖杯装饰办公室，用过分虚伪的热情获取学员们的欢心，来隐瞒自己的无能。

（4）真正的武道之人即使提升它的段或级也会谦让。相反，要求超过实力以上的段或级，或用钱买也不觉羞耻的似是而非的武道人。

（5）任何以私利或炫耀假武力为目的而需要段或级的人。

（6）不是为了培养优秀的弟子而是以盈利为目的运营道场、向学员无理要求钱物或出卖证明书的行为。

（7）言行不一致，不守信用的师范或学员。

（8）向晚辈询问有关技术意见而感到羞愧的前辈。

（9）为了私利奉承于权力，作为武道人忘记应遵守的基本姿态却摆出武道人的样子耍威风。

三、忍耐

忍即是德。有句古语说："忍一百遍能使家庭和睦"，即能忍的人可得到幸福与繁荣。无论是持有高段的人还是技术完美无缺的人，想做成任何一件事，首先要设一目标，再以持久的忍耐力不断地向那一目标迈进，才能如愿以偿。作为跆拳道人，不管遇到什么困难，忍耐并克服它，才是有效的方法之一。

四、克己

不论道场内外，克制自己着实是重要的问题。假如在自由对打时，因某些失误，被下级或同僚挨打时，若不能克制自己，感情用事加以攻击，将会造成事故。而且，不谦虚不节制，没有分寸地生活，盲目羡慕他人，爱慕虚荣也将会失去作为武道人的资格。老子曰："强者不是战胜对方的人，而是战胜自己的人"，即自胜自强。

五、百折不屈

一个真正的跆拳道人是谦虚、正直的。若是一个有正义感的人，不论对方是谁或其人数有多少都应会丝毫不畏惧，不犹豫，果断的向前迈进。

孔子说过这样一句话：明知是正义的也不敢大声高喊，更不敢站出来的人，是没用的胆小鬼；向着既定目标，以百折不屈的精神，倾注一切精力，就没有失败的人。

跆拳道的礼节

礼节是每一个跆拳道习练者在接触跆拳道运动时的第一堂课，练习者只有树立礼仪谦虚的学习态度，才能够获得理想的人格和健康的体魄。

跆拳道练习虽然是以双方格斗的形式进行，但是不管怎样激烈，由于双方都是以提高技艺和磨炼意志品质为目的，所以在双方各自内心深处都必须持有向对方表示敬意和学习的心理。因此在练习或比赛前后都一定要向对方敬礼，即跆拳道运动始终倡导的"以礼始，以礼终"的尚武精神。由于跆拳道是练习者精神和身体的综合修炼，可以使练习者在艰苦的磨炼中培养出理想的人格和体魄，并能够真正掌握防身自卫的本领，因而对练习者精神锻炼这一环节中就必须包括"礼仪"的教育和熏陶。"礼仪"是跆拳道运动必不可少而且十分重要的组成部分。

一、跆拳道礼仪的应用

每一个参加跆拳道锻炼的人必须遵守以下行为规范。

进入跆拳道道馆后，首先向国旗敬礼，然后依次向馆长、教练和长辈敬礼。

（1）上课开始要集体向教练敬礼。

（2）双人练习前，两人要互相敬礼，练习结束时，再次互相敬礼。

（3）两人交换和传递脚靶等训练物品时都要互相敬礼。

（4）向教练请假，和教练谈话前要敬礼，结束时也要给教练敬礼。

（5）练习时若道服松开，应停止运动，转身背向国旗、会旗和教练以及同伴整理道服，整理好之后再回到原来方向进行练习。

（6）无论何时何地，遇见教练和长者都要敬礼问好。

（7）无论在学校还是家中，在谈话、用餐、打电话时，访问亲友时，都要按一定的礼节进行，将文明言行带到生活、学习以及工作的各个方面。养成良好的礼仪习惯，逐渐形成克己礼让、宽厚待人、恭敬谦逊的态度和习惯。

（8）训练结束将要离开道馆时，要首先向国旗敬礼，然后依次向馆长、教练、长辈敬礼。

二、基本动作

向国旗敬礼：由立正姿势开始，抬起右手，将右手掌放于左胸中上，向国旗行注目礼。

立正

双脚并拢，身体直立，双手握拳，挺胸抬头收下颌，两眼平视，双臂自然下垂紧贴裤线。

稍息

两脚分开平行站立，脚尖指向前，挺胸抬头，收下颌，两眼平视，双手掌交叉放于腰后。

坐姿

盘腿坐下，挺胸抬头收下颌，两眼平视，双手握拳放于膝上，拳心朝下。

敬礼

敬礼是跆拳道礼仪中最重要的部分，有向国旗敬礼和向长辈、馆长、教练的敬礼，还有学员之间的敬礼。要面向对方立正站好，上体前屈 30 度，头部前屈 45 度，敬礼结束后上体还原成立正姿势。

相互传递物品

立正姿势，双手递、接。

握手

双脚并拢，目视对方，右手立掌向前伸出握住对方的手，左手抬起，左手手背放于右手肘下方。

三、进入道馆训练时的礼节

（1）练习者衣着端正，头发整洁，对教练和队友都要表现出恭敬、服从和谦虚、互动互学的心态。

（2）进入道馆，首先向国旗敬礼，即成立正姿势，目视国旗 2～3 秒钟。然后向教练行鞠躬礼。

（3）两人一组进行练习时，首先应相互敬礼，练习结束后，再次相互敬礼。

（4）训练中如果有事请假，应首先向教练敬礼再说明理由。

（5）训练中服装或护具脱落，应背对国旗和教练，整理整齐后再恢复训练。

（6）训练结束后，首先向国旗敬礼，然后向教练敬礼，离开道馆时再次向国旗和教练敬礼。

四、参加比赛时的礼节

个人比赛时的礼节

1. 个人比赛开始时的礼节

运动员走入场地时应向裁判及教练敬礼，待场上主裁判"立正"、

"敬礼"的口令下达后，比赛双方运动员敬礼，然后主裁判发出"准备"、"开始"的口令后方能进行比赛。

2. 个人比赛结束时的礼节

比赛结束时双方运动员到各自的位置相对站好，待主裁判发出"立正"、"敬礼"的口令后双方敬礼，然后面对裁判长席等待比赛结果。比赛结果宣布后向裁判长席、场上裁判员及对方教练敬礼，然后结束比赛。

团体对抗赛的礼节

1. 比赛前的礼节

首先青红两队全体队员按名单顺序面向裁判席成纵队站立，然后两队运动员依主裁判"敬礼"口令向裁判席敬礼。

2. 比赛结束后的礼节

当最后一对运动员比赛结束后，两队全体运动员立即进入竞赛区相对站立，待主裁判发出"立正"、"敬礼"的口令后相互敬礼，然后两队依主裁判口令先向监督官立正站好，再向陪审敬礼。

观赛礼仪

一、观赛礼仪

在跆拳道比赛中，主要以腿法为主，动作强调击打要有力度和准确。双方攻防转换速度非常快，并且在进攻和防守时鼓励运动员发声扬威。因此，跆拳道比赛时，场上场下喊声不断，看到漂亮的击打，无论是否得分，观众都可以大声喝彩。

跆拳道比赛有较为规范的礼仪要求。运动员入场时，要向裁判员敬礼，向教练员敬礼，向对手敬礼，有时运动员还会给观众敬礼以示尊重，此时观众应给予掌声回应。

观看跆拳道比赛时禁止吸烟；手机要关机或设置在振动、静音状态。严禁向场内投掷杂物，不能发出嘘声和吹口哨，这些都被认为是不文明的行为。

二、如何欣赏跆拳道比赛

跆拳道运动虽然是以双方格斗的形式进行，但是不管它怎样激烈，因为双方都是以提高技艺和磨炼意志品质为目的，所以在双方各自内心深处都必须持有向对方表示敬意和学习的心理。因此，在练习或比赛前后都一定要向对方敬礼，即跆拳道运动始终倡导"以礼始，以礼终"的精神。由于跆拳道是练习者精神和身体的综合修炼，使练习者在艰苦的磨炼中培养出理想的人格和体魄，并能够真正掌握防身自卫的本领，因此对练习者的精神锻炼一环中就必须包括"礼仪"的教育和熏陶。"礼仪"是跆拳道运动必不可少而且十分重要的组成部分。因此，观看跆拳道比赛也要做到彬彬有礼。

观众应该提前进场，做好观看比赛的准备，不应该做出任何对比赛有不良影响的举动，同时，不应该携带任何有碍观看比赛的物品，如零食、瓶装饮料等。在比赛进行期间，运动员需要观众给他们加油助威，这样才能更好地发挥他们的比赛水平，激发他们的比赛激情，并烘托比赛的氛围，这就要求观众与运动员之间形成良性互动。但是，观众不能影响运动员对裁判员裁决的判断；比赛结束后，为获胜者颁发奖牌，同时演奏其国歌，这时观众应全体起立并保持肃静，这是观众文明素质水平的表现。

PART 10 明星花絮

跆拳道创始人崔泓熙将军

跆拳道创始人崔泓熙将军是韩国军队的创始人之一，也是当代的书法家，又是反独裁政府的爱国民主人士。虽然他的身材不高，但他具有顽强的意志，崇高的信念，为普及跆拳道贡献着自己的一切。

创始一个武道门派的人，必有其相应的魅力。崔泓熙将军经过长期的不懈努力和坚定的信念，把原本不见经传的跆拳道发展成了符合现代人品味的健身防身的武道。他学过朝鲜的古典武道和空手道却创造了一个完全不同的武道。跆拳道完全是独创的技术体系和东方思想结晶的完美结合。它不仅是易学易懂而且是超越了朝鲜，并已发展成世界范围内的武道。它的足技与其他任何格斗技术是没有一点雷同，完全是独创的。

崔泓熙于 1918 年 11 月 9 日出生在朝鲜咸镜北道的一个偏僻的地方。因从小体弱，经常使父母为他担忧。不过，他在幼小的年龄就已具备突出的坚强性格和爱国心。在他 12 岁时，他读书的小学校以抵抗日本政府为理由，使他蒙受了无期停学的处分。这也可以说是有名的朝鲜光州学生反抗日本统治事件的余波。

此后，他的父亲将他带到朝鲜著名的书法家韩溢东先生那里学习书法。韩先生不仅是有名的书法家，而且对朝鲜古典武道也颇有造诣。韩先生见新徒弟体质屡弱，在教他书道的同时，还传授了朝鲜古典武道。目的是想增进他的健康。

1937 年为了接受现代教育，年轻的崔泓熙去了日本。他在日本京都学习期间，向同乡前辈金某学习了空手道。此后，不到两年他已练成一段，充分显示了他的热忱和斗志。随后他在东京读完一年半的预备学校之后进入了日本中央大学学习。同时他更加认真练习空手道，不久取得了二段，开始在大学和 Y. M. C. A 给许多同僚和学友传授了空手道。

第二次世界大战中崔泓熙青年被强制征集到日本军，分配到平壤第42 部队。满腔热血的他为了展开民族斗争，争取主导起义活动与两名柔道 4 段和 5 段在兵营内进行了较量。结果他只一击就将两个柔道高手完全击败。由此他获得了发动有名的平壤学员兵起义的主导权，并且得到了许多学员兵的响应，他们秘密地准备了起义暴动。不料，就在将要起义的前几天他们的活动被发现，为改变日本统治的学员兵起义事件不幸夭折。崔泓熙青年被监禁在陆军刑务处，作了八个月的未决因。在此期间，他身为事件的主谋者和空手道高手，被关进独牢近一个月，倍受身体和精神上的折磨。他尽管身为重犯，却不但秘密地在看守和同僚面前做了空手道示范，还常常指导偷偷进牢房的看手，几乎把全刑务处变成了道场。

第二次世界大战日本战败后，被判 7 年囚刑经受牢狱之苦的崔泓熙青年于 1945 年 8 月 16 日得到自由。随后，他前赴汉城组织了学生兵团。

1946 年 1 月 15 日作为创建韩国军队的创始人之一，他被任命为陆军少尉。这对他来说是军人生活的真正开始，军队也成了他为跆拳道发展到全世界的基地。从此，他以朝鲜古典武道和空手道为参考，经过反复研究和实践为今天的跆拳道打下了基础。

1946 年 4 月他被提升为中尉。在这期间他不仅教授了韩国兵，就连住在附近的美军也开始学习他的新武道。

1947 年他晋升为大尉、少校，并在陆军本部兼任情报参谋和军事参谋。同时，他向汉城的美国宪兵学校介绍了他的新武道。

1949 年他晋升为大校后，去了美国陆军综合学校的高等军事班学习。在那里他也向同僚们介绍了他的新武道。

1950 年归国后，他负责前方地区的情报工作，并制定了韩国陆军最初的情报规范体系。

1951 年在釜山创设了陆军综合学校，他担任了副校长兼教授部长。同年，晋升为陆军少将。

1953 年是崔泓熙将军在军队生涯中最难忘的一年。因为他创设了29 师团，并得到南太熙先生的帮助，培养了在全军普及跆拳道的骨干人员。

1954 年崔将军创办了教授跆拳道的吾道馆。同年他被推举为当时韩国最大最有传统的清道馆的名誉馆长，并直接指挥了清道馆。

1955 年年初崔将军创设了第三军团，为普及跆拳道创造了有利环境。

1955 年 4 月 11 日，由各界著名人士组成的名称制定委员会，在每人无记名提出的名称中，一致通过了崔将军提出的"跆拳"二字。由此，产生了跆拳道。唐手、空手、拳法、朝鲜古典武道等各种叫法不同的武道被统一为跆拳道。从此，他真正开始了普及跆拳道的事业。经过他的不懈努力，跆拳道不仅在全军普及，而且在各个大学也成立了跆拳道的组织。

1959 年 9 月 3 日崔将军盼望已久的大韩跆拳道协会成立了，他就任了会长。从此，他真正开始了在韩国社会普及跆拳道的事业。尽管跆拳道名称统一之前的各种门派不断地抵制跆拳道，但这丝毫没有动摇崔将军普及跆拳道的热情。那时他再一次认识到要为后世留下具有优秀技术和崇高精神的跆拳道。从此，他开始了基础技术和精神修养两个领域的进一步研究和完善。

1961 年朴正熙将军等少壮派发动了军事政变。尽管崔泓熙将军支持和帮助了自己的后辈朴正熙将军，但两人在治国的理念上发生了分歧。这种分歧随着朴正熙将军的军事政权的不断巩固，逐渐演变成了两人的对立局面。刚直的崔将军顶着压力保持了军人的独立性和跆拳道的纯洁和正义。

1962 年崔将军被派遣到马来西亚任第一代韩国大使。

1964 年年末崔将军归国后，为了拯救名存实亡的跆拳道与各种抵抗势力进行了坚决的斗争。

1965 年崔将军就任了大韩跆拳道协会的会长。随后升为二星将军的崔泓熙率领韩国政府的跆拳道代表团，访问了德国、意大利、土耳其、埃及、马来自亚和新加坡。他们的精彩演武为各国成立跆拳道协会打下了基础。

1966 年 3 月 22 日，由韩国、越南、马来西亚、新加坡、德国、美国、土耳其、意大利、埃及的九个协会在汉城正式成立了国际跆拳道联盟。崔将军被选为总裁。为了普及跆拳道，崔将军珍惜一分一秒的时间，奔忙于世界各国把全部精力和心血投入了跆拳道的普及事业。

1972 年由于朴正熙总统的迫害，崔泓熙将军不得不离开韩国流亡加拿大。朴正熙总统为了抵抗国际跆拳道联盟的发展，1973 年成立了世界跆拳道联盟，并任命金云龙为总裁。一方面朴正熙总统命令情报部门不择手段地打击和迫害崔将军，另一方面用各种职位和荣华来引诱崔将军。但是，他们的打击和引诱没有征服崔将军的意志。

1980 年不仅对跆拳道的创始人，而且对跆拳道的未来确实是具有重大意义的、难忘的一年。这一年他率领由包括他自己的儿子中河君在内的 15 名弟子组成的第七届国际跆拳道示范团，对朝鲜民主主义人民共和国进行了历史性的访问。这样，他第一次向自己生长的故乡介绍了由自己创造的跆拳道。故而，不少跆拳道爱好者都以为 ITF 为朝鲜所创立。

同年 11 月，在英国伦敦举行了第一届统一欧洲跆拳道锦标赛，由他宣布了开幕。

1983 年 1 月崔将军和北美跆拳道联盟会长李锡熙一起为美国最高

段者、美国跆拳道协会会长查理士·塞列布示范了七段审查，访问了美国丹佛科罗拉多，当年3月至5月访问了加利福尼亚州圣巴巴腊、欧洲和平壤，开始了百科辞典原稿的最后推敲和图片摄影。

同年12月在维也纳召开的国际跆拳道联盟第五次定期大会上就截至下一年3月1日把联盟事务局移到维也纳的问题全场一致通过了决议。在这次大会上，崔泓熙总裁再次被选为总裁，日本跆拳道协会会长全真植、李基河和李锡熙被选为副总裁，朴正泰被选为秘书长。

1985年是对跆拳道创始人来说意义重大的年份之一。这一年，他的毕生巨著跆拳道百科辞典问世，得以有可能完全介绍他半生研究和完成的跆拳道技术了；还把国际跆拳道联盟移到奥地利首都维也纳，得以奠定了能够向包括社会主义和第三世界国家在内的全世界普及跆拳道的牢固基础。

跆拳道创始人、世界跆拳道爱好者的师圣、国际跆拳道联盟总裁崔泓熙将军于2002年6月15日20点35分在平壤的医院去世。

马克·洛佩兹及其家族

马克·洛佩兹是美国优秀的男子跆拳道选手，曾经夺得2005年世锦赛冠军。马克来自美国著名的跆拳道洛佩兹家族，哥哥斯蒂文·洛佩兹、妹妹戴安娜·洛佩兹都是世锦赛冠军。其中斯蒂文·洛佩兹还是悉尼奥运会和雅典奥运会的双料冠军。三人组成了美国奥运会历史上自1904年以来第一个在一届奥运会上有三人参加同一大项比赛的家族。而在2005年，三兄妹均问鼎了跆拳道世锦赛各自项目冠军后，又成为历史上仅有的在同一届世锦赛上有三人获得冠军的家族。

这一切并非偶然，他们的父亲叫胡里奥·洛佩兹，20世纪70年代和妻子通过政治避难从厄瓜多尔来到美国。胡里奥是个跆拳道迷，拥有跆拳道红带。他在大儿子吉恩·洛佩兹8岁时决定让他学习跆拳道。

从最开始，吉恩就是这"跆拳道四兄妹兵团"的指挥官，并兼任教练。1995年，吉恩在世锦赛中摘得一枚银牌，但由于他所在的重量级并非悉尼奥运会的比赛项目，1999年他宣布退役。

但弟弟斯蒂文已接上了班。从1999年开始，斯蒂文横扫国际赛场：他先是在泛美运动会夺冠，随后在悉尼奥运会上夺冠，2001年他成为世界冠军，此后又连续3次卫冕。近9年来，斯蒂文·洛佩兹还保持着不败金身。

但在美国跆拳道协会（USTU）眼中，这一家人依然是异类。2004年，只有斯蒂文一人入选了雅典奥运会。在哥哥出发去雅典前，戴安娜送给他一张卡片，上面写着："带着金牌回来，为了我。"而当斯蒂文终于在决赛中战胜对手，吉恩跑上台去，一把拥抱住了他，在他耳边说："我们做到了。"而斯蒂文边抱着兄长，边搜寻家人所在的观战区，等捕捉到妹妹的目光时，他用手轻按了下心脏，然后送给她一个飞吻。要知道，20岁的戴安娜也许是当年洛佩兹家族中最失意的一个，在国内选拔赛中，她名列第2，输给了最后的银牌得主尼娅，而美国只有一个参赛名额。

但戏剧性的变化发生了。就在雅典奥运过后，USTU被指控有财政问题，美国奥委会取消了他们的协会资格，并重新组织了一个管理机构"美国跆拳道"。这个新的跆拳道官方组织张开双臂，热烈欢迎洛佩兹家族的到来，1年后，三兄妹同时登上了世锦赛的最高领奖台。

"洛佩兹"作为一个家族而在跆拳道界声名鹊起是在2005年。那一年在西班牙马德里，史蒂文·洛佩兹、马克·洛佩兹和戴安娜·洛佩兹分别在各自的级别中获得了金牌，创造了一家三口同时获得世锦赛冠军的奇迹。

永远的战神——哈迪

哈迪（Hadi Saei Bonehkohal）是全世界最好的跆拳道运动员之一。

六岁的时候，他第一次接触跆拳道。而让他把跆拳道当做职业来对待的还要追溯到他 16 岁那年。那一年，他的父亲和哥哥分别因为两起车祸而过世。家庭支柱的轰然倒塌，养家糊口的重任需要他的肩膀担起，哈迪因此加入了国家队。

不久，哈迪因体育成绩出色而被誉为伊朗"战神"。作为奥运会的三朝元老，他三次都登上了领奖台。2000 年悉尼奥运会上，首次亮相的哈迪就夺得男子 68 公斤级铜牌，而之后四年的卧薪尝胆，使哈迪终于站到了雅典奥运会男子 68 公斤级的冠军领奖台上。在北京奥运会上，哈迪升级到 80 公斤级。在决赛阶段，他通过顽强的反击再一次站在了冠军的领奖台上。三次征战奥运，他获得两金一铜的战绩，用行动谱写了跆拳道历史上的又一段佳话。

哈迪还是一位品德高尚的运动员。2003 年伊朗巴姆遭遇强烈地震，而哈迪在获得 2004 年奥运金牌后，立刻把金牌捐出来拍卖，以筹集救灾资金。他也因此被 WTF 评选为 2005 年最佳跆拳道运动员；最近，他又被 WTF 选为"史上最佳跆拳道运动员"。

哈迪是跆拳道的硬朗派代表，作风硬朗顽强、技术细腻、头脑灵活。有时候觉得他像一架战斗机，有时觉得他是一门钢炮。从 1995 年开始到 2008 年北京奥运会结束，哈迪一共获得了 7 个世界冠军，所以他赢得了"战神"的称号，只要有他参加的比赛，99% 不会令人失望。

八连冠霸主——陈中

陈中 1995 年开始练习跆拳道，1997 年入选国家集训队。2000 年从北体竞技体校毕业，进入北京体育大学运动系。1996 年至 2007 年，陈中多次蝉联全国跆拳道比赛冠军，并两获奥运会跆拳道冠军，摘取了世界杯、世锦赛、亚运会、亚锦赛等多项重大比赛的金牌，成就了我国跆拳道运动历史上的第一个"大满冠"。陈中的特点是身体素质好，速度快，头脑灵活，打法简洁实用。

陈中是"半路出家"却大获成功的典型代表。恐怕很少人知道，陈中在从事跆拳道之前还打了四年的篮球。而如果不是他的教练陈立人发掘了她身上的跆拳道潜质，现在的陈中或许只是一名普通的篮球运动员。命运把陈中和跆拳道联系到了一起，也改变了这名河南女孩一生的轨迹。

陈中的母亲张美曾经是一位篮球运动员，而陈中无疑继承了母亲的优秀基因，从小就在个头上高出普通的同龄女孩。但是又瘦又高的陈中小时候有些弱不禁风，为此父母就把她送到了焦作市业余体校打篮球。

很快，体育悟性很高的陈中开始崭露头角，"当时在整个河南省的少儿篮球队，陈中绝对属于拔尖队员！"爸爸自豪地说。11 岁那年，陈中作为主力跟随省少儿队参加"苗苗杯"少儿篮球比赛，荣获第四名，启蒙教练代萍夸她"弹跳力好，爆发力强，是一棵篮球的好苗子"。此后，父母就正式萌生了培养女儿成为一名职业球员的想法。

但是这一切，因为陈立人的出现改变了。1995 年 4 月底，负责组建国家第一个跆拳道队伍的陈立人来到焦作体校挑选队员，当他来到篮球场，一眼相中了陈中出众的爆发力和弹跳力。

当天结束训练后，陈立人把陈中的家长请到了焦作市体育局，苦口婆心地给他们详细讲述了跆拳道国家队的组建目的，并不是像拳击一样可怕，小女孩练习跆拳道既可以强身，又可以防身，还可以为国争光，最终陈中的父母被说服了，反正孩子苦练篮球也是为了进国家队，进跆拳道国家队也是一样的。当年5月4日，陈中就随队奔赴北京，这一走，就是10年。

刚进国家队的陈中很不适应，训练比在焦作体校的训练强度加大了许多，每天重复进行着高强度的拉韧带、万米长跑、举杠铃，尤其是万米跑，你要是跑不完，就是爬也要爬到底！教练陈立人就在旁边"监工"，骑着一辆破旧的自行车跟着她们跑。

一些小孩子受不了就回家不干了，13岁的陈中每天给妈妈打电话，狠哭，妈妈在电话里也是痛哭不止。陈中的母亲曾回忆道，"我不放心她，就去了北京，那天，我偷偷地去训练馆看陈中训练，当时一群小孩正在练习踢腿，我发现她每一趟都要偷懒，少踢两下，我一下就急了，啥也不说，当着那么多人的面直接进去一脚把陈中踹地上了！"小陈中刚开始还没有缓过神，一抬头看到是妈妈，顿时放声大哭起来："妈！你看看我身上，我腿上，我脚上，有好地方没？你还踢我！"说着，女儿掀起自己的衣服，刹那间，妈妈怔住了，只见女儿的小细腿上青一块儿紫一块儿，根本找不出一块儿好皮肤，那双还没有发育完全的脚是新泡摞旧泡，惨不忍睹，瞬间，妈妈的眼泪夺眶而出。

但是严格的母亲最终还是狠下心，给陈中讲了许多道理。从这以后，聪明坚强的陈中再也没有偷懒，一步步踏实地走了过来。陈中的爸爸陈新生曾幽默地说："她妈这一脚，踢出来一个奥运冠军！"

"半路出家"的陈中从默默无名到成为跆拳道界的霸主，其中付出的辛苦可想而知。从1995年开始练习跆拳道开始，陈中就将自己的才华和天赋通过成绩表现了出来。

从1996年至2004年长达8年的时间里，陈中在全国跆拳道锦标赛中实现了惊人的"八连庄"，每年都可以在全国比赛中封后。这也一举奠定了陈中中国跆拳道领军人物的地位。

　　1999 年，代表中国出战的陈中年仅 17 岁，但是她一路过关斩将最终问鼎了世界军人运动会女子 67 公斤以上级的冠军。随后，陈中开启了自己的大满贯之旅，2000 年获亚锦赛冠军、奥运会冠军。2001 年，陈中获九运会冠军、世界杯、世锦赛冠军，2006 年陈中获亚运会冠军。

　　2000 年 9 月 30 日，第 27 届悉尼奥运会女子 67 公斤以上级比赛中，18 岁的陈中为中国赢得了第一枚也是世界跆拳道史上的第一枚奥运金牌，实现了中国跆拳道"零"建立到"零"突破。跆拳道 1994 年被正式列为 2000 年奥运会比赛项目，中国在 1995 年才正式组建了跆拳道队，国外人士断言中国要获得这一项目的奥运金牌至少还要 10 年，而陈中的夺冠把这个进程整整缩短了 5 年。

　　2008 年 1 月 7 日，全国体育局长会议上宣布，两届奥运会冠军得主、26 岁的陈中同全国 176 名优秀运动员一起，被国家体育总局授予体育运动荣誉奖章。

　　在 2008 年夏季奥林匹克运动会的开幕礼上，陈中被选为八位参与火炬接力的火炬手之一。

　　2008 年 8 月 23 日，陈中在北京奥运的女子跆拳道 67 公斤以上级的半准决赛中，本来她以一比零击败英国的莎拉·史堤芬逊而晋级准决赛，但是莎拉·史堤芬逊不服赛果而要求上诉，其后莎拉·史堤芬逊上诉得成，并将赛果改写成一比二，而陈中亦因此由赢变输，因而无缘奖牌。

跆拳道"辣妹"——罗微

　　罗微被称为中国跆拳道界的"辣妹"，半路出家，转行跆拳道 5 年就拿下了雅典奥运会冠军。

　　小学三年级就开始练田径跨栏的罗微，并没有幸运地成为女版"刘翔"。事实上，她的田径成绩并不好。在一次田径比赛后，她正在为不佳的成绩沮丧，并准备返回学校重新念书。

而在回忆起当初练上跆拳道的经历时，连罗微自己都感到有些意外。

罗微说："那是 1998 年，当时我练田径已经 7 年了，跨栏、全能什么的都练了，当时有些灰心。在参加北京市第十届运动会的时候，丰台区一家跆拳道俱乐部的一位姓范的教练，当时正在帮助广州军体院的朋友挑跆拳道大级别运动员，他认为我挺有灵气很合适。可后来因为一些原因军体院没去成。"

正当罗微有些灰心的时候，事情有了转机，范教练把罗微介绍到国家青年队沈教练那里，但当时国家青年队已经没有名额。于是沈教练把罗微介绍到浙江队训练，但当得知要把户口转到杭州时，罗微有些不愿意了。当时恰好北京赛艇队也看中了罗微，于是罗微开始到赛艇队训练。

在练了三周，赛艇队要到四川集训的时候，沈教练的男朋友姚强当时到北京跆拳道队当教练。在沈教练的介绍下，姚强觉得罗微是练跆拳道的好苗子，很想把她召进队。罗微回忆说："当时我忽然觉得以后要是去了赛艇队，可能一年大半时间都要在外地度过了，可练跆拳道起码可以呆在北京呢。于是我做了两个小纸条，一个写着赛艇，一个写着跆拳道，一连抽了 3 次，竟然全都抽中跆拳道。当时我觉得这挺神的，可能冥冥中是上天的安排。在上火车前，我给妈妈打了个电话，也是在妈妈的支持下，我最终成了北京跆拳道队的一员。姚强也成了我的启蒙教练。"

去北京跆拳道队报到的第一天，罗微就打了退堂鼓。罗微很清楚地记得那个日子——1999 年 2 月 6 日。她说："第一天的训练就让我非常痛苦，不仅要压腿，还得跑万米，以前我练田径的时候就不喜欢跑步，没想到练跆拳道跑的距离更长。而且当时我已经 15 岁了，腿也压不下去，反正练得非常痛苦，呲牙咧嘴的。"

适应不了的罗微起初总是忍不住掉眼泪，教练教她要对准对方服装上的三个圆圈踢，但还没等她碰到对方，就被打趴下了。

这让罗微很不适应，从没挨过打，现在却天天被人打。她偷偷打电话给妈妈，在电话那头哭得一把鼻涕一把眼泪。老队员看不下去，给了她一句真言："要想打人，要先学会挨打。"

在挨了无数的打之后，训练刻苦的罗微开始慢慢跟上来了，在一些对决中，也有还手之力，再遇到失败的时候，她学会自我安慰，"没关系，我挨打，但我也打别人。"

练了一阵子，罗微有点受不了了，在再三央求母亲后，罗微决定在参加完当年4月的全国比赛后就退出跆拳道队去上学。但是这次比赛却完全改变了罗微的想法。她说："当时我运气非常好，第一轮轮空，第二轮遇上一个实力不强的对手。当时我练跆拳道才1个多月，还不怎么会呢，但我上去就是一顿踢，没想到还进入了八强。要知道进入全国八强就成了国家一级运动员了。我练田径7年连国家二级运动员都不是，这可把我乐坏了，也有了信心了。就这么着，我的跆拳道道路就这么走下来了。"

坚定的信念成就了她之后的夺金之路。

让罗微一战成名的是2004年的雅典奥运会，赛前没有人看好这个转行才练了5年的小姑娘。出发之前，她在心里暗暗下了决心，"每个人都想去雅典，我去了，如果不拿块金牌回来，算什么呢？"

抽签结果出来了，她的第一轮对手是韩国黄敬善，韩国在跆拳道项目上一直是老大的地位，而黄敬善又是韩国实力突出的黑马型选手。罗微并没有紧张，她说她的心理素质非常强大，就像她一贯的扎实风格，她只说了一句："一场一场慢慢打吧。"

"跆拳道很细腻，欣赏性强，不是踢得快就可以，关键要动脑子，强调智能性。"罗微曾在无数场合说过这样的话。

当她用漂亮的一踢战胜黄敬善时，全场响起了欢呼和喝彩声。罗微最后的对手是希腊选手米斯塔基多，这场比赛并不同于和韩国队的比赛，如果罗微要拿到金牌，这意味着她除了要战胜更强的对手，还要征服雅典法里罗跆拳道馆的满满的雅典观众，这无疑是块踩在东道主头上的金牌。

在决赛的时候，场馆里坐满了雅典的观众，挥舞着国旗，为东道主选手加油。而罗微从出场开始就遭到了一片嘘声。

而罗微自身的健康状况也很不利——她是带伤上场，之前的比赛中，她的腿部肌肉被拉伤，发力的时候会很疼，而且由于训练量大，罗微的脚上起了很多水泡。

罗微并没有因此畏惧，第 2 局时落后了一分，整场观众欢呼起来，她并不慌乱，"很多人会紧张，而我会把这种紧张转化为动力。"她回忆自己当时的表现说。

果然，在第 3 局中罗微接连得分，越战越勇，希腊选手米斯塔基多最终落败。

看着国旗升起的那一刻，是罗微最幸福的时候。她把自己的成功归于集体的功劳，"我只管踢，跆拳道在中国的发展时间不长，但和别的国家不一样的是，我们不是自己去孤军奋战，有教练和陪练帮助我们成长，这会给我们心理上非常大的力量。这也是为什么我们在短短 9 年就创造 100% 夺金的神话，这就是力量。"

玉面娇娃——吴静钰

吴静钰是一位难得的跆拳道天才，爆发力和柔韧性俱佳，攻击性强，连续得分能力突出，因此获得"轻型轰炸机"的美称。她的出现，弥补了中国在跆拳道女子小级别的空缺。赛场上的她是狠角色，总想一脚就把对手劈倒；赛场下的她则是小孩子，降完体重仍留恋饼干的味道——她就是吴静钰，这个有着两面性的姑娘，是跆拳道界的明星。作为中国跆拳道新一代领军人物，吴静钰有一个可爱的绰号——"钰兔"。

纯真的笑容，奋力的嘶吼，犀利的进攻，是吴静钰的最大标签，这位景德镇女孩为中国跆拳道队赢得了奥运会历史上第一枚小级别金牌，也让自己成为了包揽亚运会、世锦赛和奥运会冠军的跆拳道新贵。

老家在景德镇的吴静钰，是在上初中的时候被教练王志杰选中的，当时她身高才1.4米，那时候在以身高腿长为选拔原则的年月，谁也看不上这个矮个儿，但教练王志杰坚信，这个"小不点"一定能成才。王志杰将吴静钰带入了江西省跆拳道队。2003年，王志杰转投江苏跆拳道队，吴静钰也跟随教练"转会"到了江苏。在王志杰的指导下，吴静钰的成绩提高很快，身高也从1.4米变成了现在的1.66米。练习跆拳道不到两年，吴静钰就取得了全国比赛47公斤级的冠军。

2006年多哈亚运会，吴静钰一鸣惊人，在跆拳道女子47公斤级的决赛中战胜了中国台北名将杨淑君，问鼎冠军。尽管此前中国跆拳道队由陈中和罗微在奥运会上获得过三枚金牌，在世锦赛的成绩也相当优异，但却从未在亚运会上摘得过金牌。吴静钰的这枚亚运会金牌，不仅仅是中国在历届亚运会上夺得的首枚跆拳道金牌，更实现了中国跆拳道在小级别项目上的重大突破。

2007年世锦赛，在47公斤级的决赛中，吴静钰又以绝对优势战胜了泰国名将姚瓦帕，为自己摘得了最有分量的一枚世锦赛金牌。此前，姚瓦帕曾在亚锦赛和世界杯赛上两次战胜吴静钰，不过，谁也没有料到，吴静钰能够以5比0的绝对优势获胜，这也让她在国际跆拳道界一战成名。从此，吴静钰也就成为了一个众多竞争对手的研究对象。

尽管势头正猛，但北京奥运会的参赛资格却来之不易。由于名额的限制，跆拳道队不得不在雅典奥运会冠军罗微和吴静钰之间作出抉择，一个是征战沙场多年的金牌老将，一个是风头正盛的新科世锦赛冠军，最终吴静钰凭着自己的凶猛进攻和凌厉的气势获得了这一张宝贵的奥运会门票。而她在奥运会上的表现，更是没有令国人失望，她充分发挥除了自己最擅长的踢腿击头得分，将每一个对手置入绝境，漂亮地赢得了每一场比赛，最终问鼎冠军。

北京时间 2012 年 8 月 9 日，伦敦奥运会跆拳道赛场传来好消息。在女子 49 公斤级决赛中，中国名将吴静钰以 8：1 轻松击败西班牙选手雅格，夺得冠军。这样吴静钰就实现了在该级别项目中的蝉联。

作为头号种子，吴静钰本次比赛被分配在上半区。预赛中她以 10：2 轻取危地马拉选手戈迪略；1/4 决赛中以 14：0 的"恐怖"比分完胜日本选手笠原江梨香；半决赛，吴静钰面对克罗地亚选手扎尼诺维奇，以 19：7 战胜对手。决赛中，吴静钰更是"秋风扫落叶"，以 8：1 战胜了曾经在 2009 年哥本哈根世锦赛上将自己挡在决赛门外的西班牙人布里吉特。伦敦奥运四场比赛，吴静钰净胜对手 41 分。

自 2006 年开始，吴静钰夺得了两次亚运会冠军、两次亚锦赛冠军、两次世锦赛冠军和两次奥运会冠军，我们可以看出她在该项目中的统治地位。

这位年仅 25 岁的姑娘，已经集所有辉煌于一身，不得不说是中国跆拳道的一个奇迹。

更有趣的是，吴静钰还曾经"触过电"，当时还不到 16 岁的她在陶红主演的《跆拳道》中出演"少年陶红"。这部颇有《一球成名》风味的中国电影，讲述的是陶红饰演的刘立和吴迪饰演的杨卉，怎样从跆拳道爱好者成长为为国争光的跆拳道运动员的故事。吴静钰说："那次'触电'，我完全不像在跆拳场上那样游刃有余，僵在那里不知所措。"说到以后是否会拍电影，她说："其实，电影经常会反复拍同一个动作，也挺枯燥的，还是觉得体育好，有一种战胜自我的享受。"

PART 11 历史档案

1944 年 9 月，韩国历史上的第一家道馆青涛馆的前身，唐手道青涛会在汉城正式成立。创始人为李元国。

1945 年日本投降，韩国独立，日治时期开设武馆的限制解除，一些曾在日本或中国生活、求学并习武的韩国人回国并开设武术班。当中包括朝鲜研武馆空手道部的田祥燮（有译作全祥燮）、YMCA 拳法部的尹炳仁、青涛馆的李元国、松武馆的卢秉直及铁路唐手道部的黄琦。

1950 至 1953 年，韩国经历了内战，刚萌芽的韩国道馆发展慢了下来。另一方面，虽然外国如中、美等介入了朝鲜战争，但韩国人在建立不依附于其他国家及文化的的民族主义上促使他们不断寻找自己的定位。因此，于 1948 至 1960 年出任总统的李承晚便大力支持当时的崔泓熙陆军少将把当时最负盛名的"九大道馆"团结起来，票选出由崔将军提名之"跆拳"之名，奉为韩国国技。

1955 年 4 月 11 日，由韩国各界著名人士组成的名称制定委员会，包括崔泓熙少将（韩国第三军管区司令员）、李享根陆军大将（国军联合参谋总长）、国会副议长、国会议员、著名企业家、著名武馆馆长等提出了各自的名称。通过无记名的投票，一致通过了崔泓熙将军提出的"跆拳"二字。由此，产生了跆拳道。从此，结束了唐手、空手及各种韩国古典武道等名称混杂的局面，韩国的武道开创了新世界，跆拳道开始了它的历史创造。当年无疑是崔泓熙将军有生以来最有意义的一年。崔将军幼年时，跟随韩国的著名书法家在学习书法的同时，掌握了韩国的古典武道跆跟。青年时期留学日本，不仅完成了学业，还学练了空手道，获得了二段。

由于朝鲜战争的影响，一些武馆主持人迁往釜山，并于 1950 年成立了大韩空手道协会（Korea Kong Soo Do Association），首任总裁为赵宁柱，其他成员包括卢秉直（松武馆）、黄琦（正德馆）、尹快炳及李钟佑（智道馆）、孙德成（青涛馆）、李南石（彰武馆）、玄钟明（吾道馆）及金仁和等。大韩空手道协会设中央考核委员会，可颁授段位。

后黄琦（正德馆）及孙德成（青涛馆）因为没有在中央考核委员会取得席位而宣布退出。黄琦后来于 1953 年另组大韩唐手道协会（Korea Tang Soo Do Association）但未成功，而大韩空手道协会此后亦名存实亡。

1959 年，崔泓熙取得教育部及韩国业余体育会支持，于 9 月 3 日成立大韩跆拳道协会（Korea Taekwondo Association），崔泓熙为首任总裁，尹快炳及卢秉直任副总裁，黄琦任秘书长。成员包括青涛馆、吾道馆、松武馆、正德馆、智道馆及彰武馆。由于成员对使用"跆拳"名称有异议，最后黄琦退出，并于 1960 年成立并注册大韩手博道协会（Korea Soobahkdo Association）。

朴正熙政府于 1961 年成立，各武术组织须重新注册登记。大韩跆拳道协会、空手道松武馆、讲德院武道会及韩武馆中央空手道场等讨论正名。吾道馆及青涛馆支持的崔泓熙建议正名跆拳道，而其他馆长因空手道已广为人知而希望保留空手道之名，最后尹快炳由衷建议使用"跆手道"为名，并通过使用大韩跆手道协会（Korea Taesoodo Association）名称。由青涛馆蔡命新（韩国陆军参谋长）于 1962 年就任总裁，严云奎及李钟佑任副总裁。

大韩跆手道协会统筹黑带考核，并于 1962 年举行了第一次全国上段审查大会（Jun Kuk Seung Dan Shimsa Dae Hwe），考核内容包空手道之套拳如平安五段等。

大韩跆手道协会第二任总裁为朴钟泰，后崔泓熙回国接任第三任总裁。崔泓熙坚持正名"跆拳道",大韩跆手道协会于1965年复用大韩跆拳道协会为名。由于大韩跆拳道协会内部意见分歧,崔泓熙于1966年离任,并由卢秉直接任大韩跆拳道协会第四任总裁。崔泓熙则于同年3月22日成立国际跆拳道联盟(ITF)。

讲德院的金勇蔡于1967年1月继任大韩跆拳道协会第五任总裁,他任内的贡献包括推广了在跆拳道比赛上使用护甲(Hogu)、向国外推广跆拳道并协助训练、积极策划及筹款成立中央道场(Chung Ang Dojang)。1968年大韩跆拳道协会与国际跆拳道联盟终止关系。

1971年1月,金云龙接任成为大韩跆拳道协会第六任总裁,并成立技术委员会统一制度和教授内容。朴正熙总统公布跆拳道为国技跆拳道(Kukki Taekwondo)。为了融合两会,大韩跆拳道协会任命国际跆拳道联盟总裁崔泓熙为名誉总裁,国际跆拳道联盟则任命大韩跆拳道协会李南石为秘书长。

跆拳道中央道场于1972年成立,大韩跆拳道协会公布新的品势(包括太极一至八章)。中央道场于1973年正式名为国技院(Kukkiwon)。世界跆拳道联盟(WTF)亦于5月28日正式成立,金云龙任总裁。大韩跆拳道协会则继续作为韩国国内统筹跆拳道运动的组织。

1959年3月,韩国民族的武技跆拳道第一次走出国门,向国外介绍了跆拳道。跆拳道创始人崔泓熙将军率领韩国军队中最优秀的19名成员,以国军跆拳道代表团访问了越南和中国台湾。

崔泓熙于1959年9月3日成立了多年希望的大韩跆拳道协会,并就任了会长。

1960年崔将军在美国导弹学校学习期间也热心传授跆拳道,并劝他的弟子Jhoon Rhee在美国教授跆拳道。日后,Jhoon Rhee被公认是在美国大陆传播跆拳道的第一人。

1961年身为韩国第六军军团长的崔将军不仅在韩国师团内,而且在管辖内的美军第七师团内掀起了跆拳道的热潮。这一年,朴正熙将军等少壮派发动了军事政变。

1962 年崔将军被任命为第一任驻马来西亚的大使。在这期间，崔泓熙大使往来于东南亚各国传播了跆拳道。他所作的努力，为日后在这些国家成立跆拳道协会打下了坚实的基础。

1963 年马来西亚首相邀请了韩国跆拳道代表团，并在马来西亚国庆节表演了跆拳道。

1964 年年末，崔将军任满大使职务归国。由于韩国国内的长期动乱，包括 1960 年 4 月 19 日的民主革命运动以及 1961 年 5 月 16 日的军事政变，加上一些唐手道、空手道及各种韩国武道的领头人各自组织了大韩跆手道协会、大韩手博道协会，跆拳道几乎名存实亡。崔泓熙将军力挽狂澜，与各派进行了坚决的斗争。

1965 年通过崔将军的不懈努力，大韩跆拳道协会恢复了名义。崔将军就任了大韩跆拳道协会的会长。随后升为二星将军的崔泓熙率领韩国政府的跆拳道代表团，访问了德国、意大利、土耳其、埃及、马来西亚和新加坡。他们的精彩表演为各国成立跆拳道协会打下了基础。

1966 年 3 月 22 日，由韩国、越南、马来西亚、新加坡、德国、美国、土耳其、意大利、埃及的九个协会在汉城正式成立了国际跆拳道联盟。这是韩国历史上的第一个国际性机构。崔泓熙将军被选为总裁，跆拳道正式进入了国际社会。

1967 年越南政府授予了崔泓熙总裁国家一级勋章。同年香港成立了跆拳道协会。

1968 年崔总裁率领政府代表团参加了在巴黎召开的国际军人体育大会。在学术会议中他作了跆拳道的学术报告，之后代表团成员作了跆拳道的表演，得到了 32 个国家代表的热烈欢迎。同年在英国成立了跆拳道协会之后，他为了在更多的国家普及跆拳道访问了西班牙、荷兰、印度等国。回国后他获得了韩国政府的体育研究成果奖。

1969 年，在香港举办了第一届亚洲跆拳道锦标赛。为了普及跆拳道，这一年崔总裁访问了 29 个国家。

1970 年，崔总裁访问了欧洲、美洲等 20 个国家，并传播了跆拳道。

1971 年，在马来西亚举办了第二届亚洲跆拳道锦标赛。同年韩国政府派遣了两名跆拳道教练，到伊朗教授跆拳道。

1972 年，崔总裁访问了玻利维亚、多米尼加、海地、危地马拉四个国家，并接受了各个国家总统的接见。同年他访问了欧洲、美洲、中东和亚洲的许多国家，传播了跆拳道。这一年，国际跆拳道联盟的总部移到了加拿大的多伦多市。

1973 年 5 月 28 日韩国在首尔成立了世界跆拳道联盟，金云龙任总裁。

1973 年 11 月崔总裁率领国际跆拳道联盟的七段所有者 5 名访问了欧洲、中近东、非洲等 13 国，其中 5 个国家新成立了跆拳道协会。

1974 年在加拿大的蒙特利尔举办了第一届国际跆拳道锦标赛。同年崔总裁率领国际跆拳道联盟的高段所有者 10 名访问了多米尼加、哥伦比亚、委内瑞拉等国，在这些国家表演和教授了跆拳道。

1975 年崔总裁率领国际跆拳道联盟的代表团访问了澳大利亚，并在悉尼歌剧院举行了历史性的表演。因为悉尼歌剧院从未接受过武术表演。

1975 年世界跆拳道联盟成为国际体育联合会的正式会员。

1976 年在荷兰举办了第一届欧洲跆拳道锦标赛。

1977 年崔总裁访问日本与极真空手道的创始人进行了交流，并介绍了跆拳道。

1978 年在美国举办了第二届国际跆拳道锦标赛。由 27 个国家代表团参加。

1979 年成立了统一欧洲跆拳道联盟。

1980 年崔总裁率领 15 名国际跆拳道联盟代表团成功地访问了朝鲜。同年在英国举办了 18 个国家参加的第一届统一欧洲跆拳道锦标赛。

1980 年国际奥委会正式承认世界跆拳道联盟。

1981 年成立了南太平洋跆拳道联盟和澳大利亚跆拳道协会。同年在澳大利亚举办了第一届南太平洋地区跆拳道锦标赛。6 月，崔总裁率代表团在日本成功地展示了跆拳道的威力。8 月，在阿根廷举办了第三届国际跆拳道锦标赛。

1982 年成立了北美洲跆拳道联盟。9 月，日本的著名企业家、樱花集团总裁全镇植先生积极支持在日本普及跆拳道，开始了跆拳道的集团化普及。12 月，在意大利举办了第二届统一欧洲跆拳道锦标赛。

1983 年日本正式成立了有历史意义的协会。日本国际跆拳道协会成为第七十六个国际跆拳道联盟的会员。同年成立了中美洲跆拳道联盟。

1984 年 4 月在苏格兰举办了第四届国际跆拳道锦标赛。10 月在匈牙利举办了第三届统一欧洲跆拳道锦标赛。这一届不仅参加的国家多，而且具有历史意义的是许多社会主义国家参加了比赛。

1985 年崔泓熙总裁出版了用一生心血研究的著作——《跆拳道百科大辞典》。同年国际跆拳道联盟的总部移到了奥地利的首都维也纳，为在社会主义国家和第三世界各国普及跆拳道打下了坚实的基础。

1986 年崔总裁率领 30 名国际跆拳道联盟代表团成功地访问了中国。访问期间，24 名朝鲜选手在几个城市进行了精彩的表演，获得了巨大反响。这是跆拳道第一次在中国大陆进行的表演，也是国际跆拳道联盟为中国人学习跆拳道表达的热切希望。

1987 年韩国政府阻挠和破坏国际跆拳道联盟的活动达到了疯狂程度。崔总裁和各国协会成员顶着压力和困难，成功地在希腊举办了第五届国际跆拳道锦标赛。

1988 年跆拳道在首尔奥运会亮相。

至今，跆拳道已成为世界上最普及的武道。国际跆拳道联盟作为不依赖任何政府的独立的民间组织，在崔泓熙总裁和世界各国的广大跆拳道爱好者的不断地努力下，它已发展成具有 183 个会员国的国际组织。尽管韩国军事独裁政府为了抵抗国际跆拳道联盟的发展，1973 年成立了世界跆拳道联盟，并用外交手段不断施压和破坏国际跆拳道联盟的发展。自从 1980 年崔总裁率领国际跆拳道联盟代表团访问朝鲜之后，韩国政府硬说国际跆拳道联盟是朝鲜的体育机构，并以反共的借口诬蔑和打击国际跆拳道联盟。但是，这种压力不但没有击垮国际跆拳道联盟，反而为国际跆拳道联盟提供了一个舞台，充分展示了什么是忍耐，什么是百折不屈的精神。

1959 年，由韩国陆军崔泓熙少将率领的跆拳道示范团首次对中国台湾进行了访问，台湾是继越南之后，跆拳道在世界传播的第二站。

1966 年，台湾地区"国防部长"蒋经国赴韩国观摩韩军训练，韩军将跆拳道作为必修科目，成果丰硕，遂于次年将跆拳道引进台湾军队中。

1967 年，台湾地区军队正式聘请韩国陆军教官在军中执教，并首先在海军陆战队中展开，军中称为"莒拳"或"莒拳道"。

1970 年，退役后的台湾军官们将跆拳道带入民间，台湾出现中国首批的跆拳道馆。

1973 年，中国台湾成立中华民国跆拳道协会，又称台湾省跆拳道协会，袁国证将军担任首任会长。同年，世界跆拳道联盟在汉城成立，中国台湾作为 17 个创始会员国之一。

1980 年，中华民国跆拳道协会正式宣布改执行世界跆拳道联盟技术体系，脱离原先的国际跆拳道联盟体系。

1986 年，国际跆拳道联盟总裁崔泓熙将军亲自率领国际跆拳道联盟示范团来华示范演出，并与国家体委主要领导进行了会谈，第一次在中国大陆介绍了 ITF 跆拳道，并在北京、济南、西安等地做了多场示范表演。

1989 年至 2001 年，崔泓熙将军多次率领国际跆拳道联盟代表团在中国北京、吉林延吉进行示范教学。

1989 年，韩国世界跆拳道联盟首次在北京首都体育学院举行跆拳道培训班，WTF 跆拳道首次作为竞技体育被介绍到中国。

1992 年 10 月 7 日，中国跆拳道筹备小组成立，这标志着我国跆拳道运动的正式开始。

1994 年 5 月，在河北省正定举行了首届全国跆拳道教练员和裁判员学习班。

1994 年 9 月，在云南昆明举行了第一届全国跆拳道比赛，当时共有 15 个单位 150 多名运动员参加了比赛。

1995 年 5 月，共有 22 个单位 250 多名运动员参加了在北京体育大学举行的第一届全国跆拳道锦标赛，从此，跆拳道运动在中国迅速发展起来。

1995 年 8 月正式成立了中国跆拳道协会，魏纪中当选为第一任协会主席。

1995 年 11 月，中国跆拳道协会被世界跆拳道联盟 WTF 接纳为正式会员。

1997 年 11 月，在中国香港举行的世界跆拳道锦标赛上，我国女子 43 公斤级的黄鹂获得该级别的银牌。

1998 年 5 月 17 日，在越南举办的第 13 届亚洲跆拳道锦标赛上，我国北京体育大学 97 级学生贺璐敏为中国赢得了第一枚亚洲比赛金牌，实现了我国在正式国际比赛中金牌零的突破。

1999 年 6 月 7 日，在加拿大埃特蒙多举行的世界跆拳道锦标赛上，我国女运动员王朔战胜多名世界强手，获得女子 55 公斤级冠军，这是我国运动员获得的第一个跆拳道世界冠军。

2000 年第 27 届悉尼奥运会上，中国选手陈中获得女子 67 公斤以上级冠军，夺得中国奥运跆拳道首枚金牌。

2004 年第 28 届雅典奥运会上，在女子跆拳道 67 公斤级决赛中，中国选手罗微以 8 比 6 战胜东道主希腊选手，勇夺冠军，为中国代表团获得了第 29 枚金牌。2004 年 8 月 29 日，雅典奥运跆拳道女子 67 公斤以上级决赛在法里罗海滨区奥林匹克体育馆进行。经过三回合激烈争夺，最终中国选手陈中以 12 比 5 的成绩完胜法国选手巴维热获得冠军卫冕成功，为中国代表团赢得了第 32 枚金牌，这是中国代表团在雅典奥运会跆拳道项目中夺得的第二枚金牌，也是中国跆拳道队在夏季奥运会中夺得的第三枚金牌。

2008 年 8 月 20 日第 29 届奥运会我国小将吴静钰在女子 49 公斤级决赛中，为中国摘得一枚金牌。这不仅仅是中国队的第 45 枚金牌，更值得骄傲的是这也是我国跆拳道女子项目小级别摘取的首枚奥运金牌。中国跆拳道队的优势一直集中在女子大级别比赛，自 2000 年跆拳道被首次引入奥运会之后，中国队奥运会上所取得的三枚跆拳道金牌全都来源于大级别，分别是 2000 年悉尼奥运会 67 公斤以上级陈中，2004 年雅典奥运会 67 公斤级罗微，67 公斤以上级陈中蝉联。吴静钰结束了小级别选手中始终没有产生能冲击世界冠军实力的队员的历史。

2012 年在伦敦奥运会跆拳道项目比赛中，中国跆拳道队仅有三名选手参赛，但依然取得一金一银一铜的好成绩。在 2012 年第 30 届伦敦奥运会上，吴静钰成为女子 49 公斤级首位卫冕奥运冠军；侯玉琢在女子 57 公斤级决赛中不敌英国选手琼斯，取得银牌；刘哮波拿到一块男子 80 公斤以上级的铜牌。侯玉琢的银牌和刘哮波的铜牌，都是中国选手在各自级别上的奖牌"零"突破。